No te comas el coco

No te comas el coco

10 psicosoluciones para salir
de las trampas de la mente de forma
breve y eficaz

Júlia Pascual

VERGARA

Papel certificado por el Forest Stewardship Council®

Penguin Random House
Grupo Editorial

Primera edición: enero de 2025

© 2025, Júlia Pascual
© 2025, Penguin Random House Grupo Editorial, S. A. U.,
Travessera de Gràcia, 47-49. 08021 Barcelona

Penguin Random House Grupo Editorial apoya la protección de la propiedad intelectual. La propiedad intelectual estimula la creatividad, defiende la diversidad en el ámbito de las ideas y el conocimiento, promueve la libre expresión y favorece una cultura viva. Gracias por comprar una edición autorizada de este libro y por respetar las leyes de propiedad intelectual al no reproducir ni distribuir ninguna parte de esta obra por ningún medio sin permiso. Al hacerlo está respaldando a los autores y permitiendo que PRHGE continúe publicando libros para todos los lectores. De conformidad con lo dispuesto en el artículo 67.3 del Real Decreto Ley 24/2021, de 2 de noviembre, PRHGE se reserva expresamente los derechos de reproducción y de uso de esta obra y de todos sus elementos mediante medios de lectura mecánica y otros medios adecuados a tal fin. Diríjase a CEDRO (Centro Español de Derechos Reprográficos, http://www.cedro.org) si necesita reproducir algún fragmento de esta obra.

Printed in Spain – Impreso en España

ISBN: 978-84-19820-68-6
Depósito legal: B-19.156-2024

Compuesto en Llibresimes, S. L.

Impreso en Black Print CPI Ibérica
Sant Andreu de la Barca (Barcelona)

VE 2 0 6 8 6

ÍNDICE

Preparando el coco	11
Abriendo el coco	29
Primera psicosolución	39
Segunda psicosolución	55
Tercera psicosolución	73
Cuarta psicosolución	93
Quinta psicosolución	113
Sexta psicosolución	137
Séptima psicosolución	157
Octava psicosolución	177
Novena psicosolución	195
Décima psicosolución	219
Conclusión	235
Guía y estrategias para que desactives tu comecocos en tiempo breve	248
Agradecimientos	267
Bibliografía	269

*A mi estrella polar Rafa Rodríguez Moya
y Valderrama*

Preparando el coco

Empezaremos tomándonos la temperatura del coco

Te propongo que antes de empezar la lectura del libro, te «tomes la temperatura» de tu actividad y calidad de pensamiento respondiendo con la máxima sinceridad a las siguientes preguntas. Las respuestas están asociadas a la frecuencia que experimentas en cada situación propuesta en la pregunta: «Nunca», «Raramente», «A veces», «Frecuentemente», «Siempre».

- ¿Te encuentras pensando en el mismo tema una y otra vez?
- ¿Sueles imaginar los peores escenarios posibles para situaciones cotidianas?
- ¿Te resulta difícil tomar decisiones debido a la incertidumbre y el miedo a cometer errores?
- ¿Revisas con frecuencia conversaciones pasadas o acciones, preocupándote por cómo podrían haber sido percibidas o las consecuencias que podrían haber tenido?
- ¿Sientes la necesidad de buscar constantemente la validación de otros sobre tus decisiones o pensamientos?
- ¿Evitas ciertas situaciones o actividades porque temes que puedan desencadenar pensamientos o preocupaciones intrusivas?
- ¿Interfieren tus pensamientos en tu capacidad para trabajar, estudiar o interactuar socialmente?
- ¿Sientes la necesidad de realizar ciertos rituales o comportamientos para «neutralizar» tus pensamientos?

- ¿Te sientes exhausto o angustiado debido a la intensidad y frecuencia de tus pensamientos?
- ¿Inviertes mucho tiempo y energía intentando suprimir o no pensar en ciertos temas?

Solo con que hayas respondido «a veces» en alguna o varias de las anteriores preguntas, puedo decir que ¡este es tu libro! Y, obviamente, si has contestado a una o más de una con un «frecuentemente» o «siempre», me alegro de que este libro haya caído en tus manos.

Tu «temperatura» psíquica también te ha de alertar si tienes tendencia a rebobinar para analizar el pasado, anticiparte para intentar controlar el futuro o si eres de esas personas que se obsesionan con controlar y disfrutar el momento presente, pero lo haces de tal manera que, al intentar pausarlo o amplificarlo para estar más seguro y sentir mayor bienestar, acabas obteniendo el efecto contrario al deseado.

No te comas el coco:

«No te comas el coco», «No te comas el tarro», «No te comas la sesera», «No te comas la olla», «No te comas la chola», «No te comas la cabeza»... ¡Cuántas expresiones comunes hay que asocian adversativamente el exceso de pensamiento a la acción de comer! Y es que en el habla popular se destila la sabiduría de generaciones, y lo hace a través de imágenes poderosas formuladas con gracia. He escogido la sencillez y el impacto de la advertencia «No te comas el coco» como título y leitmotiv de este libro precisamente porque aspiro a que algo tan complejo como es hablar de los problemas, los mecanismos y las soluciones en torno a pensar demasiado pueda resultar diáfano y contundente como esta frase, y que el material que en estas páginas se desarrolla sea accesible y útil para el mayor número de personas posible.

Cuando me propuse escribir un libro sobre los problemas que hoy en día aqueja a una gran parte de la población mundial y que tienen que ver con el pensamiento excesivo, lo hice porque desde la clínica diaria en mi consulta constato que el sufrimiento y el trastorno vital que sufren muchas personas que padecen pensamientos obsesivos es terrible. Además, muchas veces está estigmatizado por ellas mismas o por su entorno y sus juicios morales, lo cual hace que en vez de enfrentarlo lo oculten por vergüenza hasta que el mal crece de tal manera que se deciden a pedir ayuda. Como todo lo que tiene que ver con la mente, el miedo a la palabra «locura» provoca una necesidad de control, y, como veremos a lo largo de este libro, **la necesidad obsesiva de control produce justo lo contrario: el descontrol**. Esa necesidad de control es el apetito que dispara la voracidad de la mente en una progresión de pensamientos incesante, insaciable, que exige cada vez más combustible. El combustible es la vida, por eso las personas que sufren de pensamientos excesivos se van quedando sin ella, acorralados por pensamientos obsesivos, dudas patológicas o imágenes disruptivas que ocupan el lugar de la realidad.

Las personas con este problema pierden poco a poco el contacto con la realidad y la sustituyen por una serie de circuitos de pensamiento que no les dejan relacionarse con lo que está pasando en el presente. Por eso la persona aquejada de pensamientos intrusivos se desdibuja en las obsesiones, toda su personalidad y su vitalidad se modifican. Si volvemos a la expresión «No te comas el coco», al visualizar la imagen de alguien comiendo su propia mente nos damos cuenta de la seria advertencia que implica. Y es que, si nos comemos continuamente el coco o el tarro, si nos autodevoramos a través de preguntas y pensamientos insaciables que no tienen freno, nos quedamos sin coco, se nos vacía el tarro, es decir, desaparecemos en las obsesiones.

¿Cómo puede ser que la mente y la capacidad de pensar que siempre hemos valorado como la joya de la corona de nuestro sistema evolutivo puedan jugarnos esta mala pasada? ¿Cómo es posible que una función tan relevante se vuelva en nuestra contra? Si a lo largo de generaciones y generaciones nuestros cerebros han adquirido habilidades cognitivas que nos han ayudado a sobrevivir, ¿cómo pueden ser también un poder de doble filo? Y es que, si nos paramos a considerarlo, pensar es el superpoder que hemos desarrollado como especie. En los cómics por encima de superhéroes, a cada uno se le da un don especial que lo distingue de las posibilidades fisiológicas de «lo humano»; sin embargo, los creadores de cómics no están sino reproduciendo una verdad que vivimos todos y cada uno de nosotros diariamente, pero de la que no somos conscientes: nuestra capacidad de pensar es un gran poder, es un superpoder que no nos coloca por encima de lo humano, sino en lo humano. Pensar es uno de nuestros dones como seres humanos y todo poder, todo don, conlleva una gran responsabilidad.

Por eso me decidí a escribir este libro, para acercar de manera lo más sencilla posible un conocimiento que requiere una responsabilidad. Porque si reconocemos cómo funciona nuestra mente podemos actuar sobre ella. Si detectamos las situaciones de emergencia o peligro, podemos actuar sobre ellas. Si somos conscientes del problema seremos capaces de buscarle una solución. Si entendemos que nuestros pensamientos son poder y que podemos estar ejerciendo un mal uso de ese poder sobre nosotros mismos, podemos decidir responsabilizarnos y actuar revertiendo la situación.

Un problema en auge... y viral

Cada vez son más las personas que acuden a mi consulta cuyas vidas están detenidas porque tienden a sobrepensar antes de actuar, lo que las vuelve tremendamente miedosas, tristes y sin capacidad de asumir riesgos. ¿Y cuál es la tragedia? Que no asumir riesgos nos protege porque no nos expone, pero **el problema de nunca asumir riesgos nos expone a un peligro mayor: perder nuestra salud mental**.

Pero no quiero que creas, lectora, que son unos pocos los que padecen los estragos del exceso de pensar. Aunque todavía pueda ser un tema tabú en tu entorno, lo cierto es que en la actualidad estamos viviendo una pandemia de todos los trastornos psicológicos producidos por sus efectos. Con esto no quiero decir, siguiendo con el lenguaje popular, que «mal de muchos, consuelo de tontos», sino que no te sientas estigmatizada si te sucede. Pensar demasiado en el pasado y el futuro está generando una pandemia de estrés, ansiedad, depresión y es la puerta de entrada para otras psicopatologías más severas.

Quiero compartir contigo una anécdota que ilustra cuán fácil es caer en una manera de pensar patológica, cómo se puede viralizar, además, de manera muy sencilla, cómo puede no ser solo el asunto de uno, sino de un colectivo. Las que somos madres solemos formar parte de grupos de WhatsApp de mamás de distintas actividades de nuestros pequeños. En estos grupos constato que el exceso de proyección de futuro y la necesidad absoluta de control activan el comecocos con gran facilidad, ¡y qué sencillo es llegar al absurdo! A propósito de una excursión escolar, una madre empezó a preguntar:

—¿Vuestros niños irán a la excursión?

—Sí —respondieron todas.

—¿Y no son demasiado pequeños para ir en autocar?

—Si lo ofrecen, es que es seguro —contestó una.

—¿Y si en el autocar no les ponen sillitas? ¿Y si no tienen cinturones de tres puntos de anclaje?

Estas preguntas desataron el descontrol. Cada vez que esta madre explicaba lo que para ella era un autocar superseguro, hacía sentir que las demás madres eran muy irresponsables y se ponían nerviosas.

Pero cuando por fin acordaron pedir a la escuela un tipo concreto de autocar, porque si no, sus hijos no irían a la excursión, la cosa no terminó ahí. Lanzaron otra batería de preguntas:

—¿Y si ese día el conductor no ha descansado bien? ¿Y si viene bebido o drogado? Es que a mí esto me da mucho miedo, la carretera me da mucho miedo...

A pesar de darle todo tipo de respuestas desde la razón y objetivas para tranquilizarla, ya no servía de nada; la duda había empezado a germinar el mal de la ansiedad. Finalmente, unas cuantas madres decidieron lo siguiente:

—Mirad, he decidido que voy a coger mi coche e iré detrás del autocar por si pasa algo o tienen que parar, así yo estaré allí. O si no veo claro cómo conduce... ¿Alguien me acompaña?

Ante esta pregunta, otra mamá aceptó y otras dos dijeron:

—Al final, la voy a llevar yo misma en coche y la voy a recoger, porque me da más seguridad.

Las que confiábamos en el conductor y en el autocar, aunque no podíamos conocerlo previamente, no pudimos evitar que también nos surgieran dudas como «¿Y si tienen un accidente? ¿Y si mi hijo muere en una excursión?»

El runrún de la duda interminable

¿Cuándo una duda es válida y merece responderse, y cuándo es incorrecta, irresoluble y patológica y alimenta la obsesión? Las dudas patológicas suelen situarse en el pasado o en el futuro. Por ejemplo: «¿Y si en el fondo debería haber hecho algo distinto?», «¿y si piensan que no soy una persona válida?», «¿y si no soy capaz de hacer esto?», «¿y si me equivoco?», «¿y si pasa algo?».

Si intentas responder a estas preguntas para encontrar la respuesta correcta y sentirte más tranquila, no lo conseguirás, porque cuanto más respondas, más dudas surgirán. El runrún de la duda enlaza con la siguiente en un bucle interminable. Y sin darte cuenta te sentirás cada vez más perdida e intranquila. Debemos ser capaces de identificar este tipo de dudas y dejarlas pasar como si fueran nubes, porque el pasado es pasado y no lo podemos cambiar, y el futuro es incierto y no lo podemos controlar. Tampoco somos capaces de leer mentes para saber con certeza qué han opinado, opinan u opinarán los demás de nosotros.

Cómo se convierte un aliado en un enemigo

La relación con el tiempo, con lo que ha sido y con lo que será, está en el centro del mecanismo de los pensamientos obsesivos. Nuestra capacidad de proyectarnos mentalmente al pasado y al futuro es una gran aliada, porque nos permite prevenir riesgos, planificar, elucubrar y elaborar hipótesis. Pero ¡ay!, el problema viene cuando abusamos de esta proyección, cuando estamos más enroscados en las preguntas que conciernen al pasado o al futuro, entonces esta capacidad se convierte en nuestra mayor debilidad, generándonos estrés y sufrimiento psicológico. Focalizar nuestra atención demasiado en el pasado o en el futuro hace que el presente se nos escape.

Si nos enfocamos en exceso en lo que ya pasó o en lo que está por venir, nuestros pensamientos se tiñen de miedos, inseguridad, incertidumbre, tristeza, melancolía, frustración y otros malestares que arruinan nuestro presente y disminuyen nuestra capacidad de acción y resolución de conflictos en la vida cotidiana.

¿Por qué necesitamos revisar de manera obsesiva el pasado o preguntarnos por el futuro? Porque soportar la incertidumbre es muy difícil para algunas personas. Querrían tener la certeza de que todo fue o irá bien, de que tienen un control absoluto sobre sucesos y personas. Y es esa incapacidad de soportar la incertidumbre la que provoca que se desequilibre la función de pensar. Algunos buscan sin cesar asegurarse de que sus acciones pasadas fueron correctas para evitar sentir que han cometido errores. Otros especulan con las proyecciones del futuro sin decidirse nunca a accionar. Y hay quienes se dedican a racionalizar y analizar minuciosa y continuamente sus sensaciones presentes hasta convertirlas en un material mental cada vez más alejado de la realidad tangible. **Es fundamental darse cuenta de que el miedo excesivo, manifestado como ansiedad, te lleva a controlar demasiado el pasado, presente y futuro, y de este modo, los pensamientos y las sensaciones se descontrolan más.**

ATENCIÓN
El exceso de controlar
el futuro
anticipando
o
el pasado
rebobinando
o
el presente

ampliándolo (modo lupa)
nos hace perder el control
con más síntomas de ansiedad y es la puerta a
comernos el coco

El oleaje del pensamiento

Imaginemos que la mente es un mar en el que estamos inmersos. El agua —los pensamientos— nos envuelven. **Es imposible no pensar**, aunque a menudo no somos conscientes de nuestros pensamientos. Es algo que está ahí, que nos acompaña siempre. Cuando pensamos en algo en concreto, maniobramos de manera consciente en el agua, pero si estamos ocupados en otras cosas apenas reparamos en el oleaje. Como en el mar real, el oleaje comienza de manera imperceptible. De repente, podemos sentir el embate de una ola que impacta contra nosotros y a la que prestamos especial atención. Es un pensamiento, una imagen o una duda que nos hace trastabillar, pues nos parece inapropiado. Comienza a debilitarnos socavando nuestra armonía. «¿Por qué he pensado en esto?» es una pregunta que ha originado otra ola, a la que pueden seguir otras más, más preguntas que intentan responder a la primera generando, progresivamente, un fuerte oleaje. Y cuanta más importancia damos a estas preguntas, más fuerte se vuelve el oleaje. Y cuanto más nos resistimos a esa corriente invasora, más nos agota. Es entonces cuando su fuerza nos absorbe, nos arrastra. Y así se acrecenta el oleaje en un bucle realmente peligroso.

De entre todos los pensamientos que lanza la mente, algunos pueden resultarnos útiles, sorprendentes o divertidos, también tonterías sin importancia, pero otros pueden parecernos perversos, catastróficos e inútiles. Cuando nos parecen útiles o tonterías sin importancia no oponemos resistencia, seguimos nadando tan ricamente entre las olas. El problema es cuando su naturaleza nos incomoda, nos extraña por considerarla inadecuada e inútil e intentamos acallarlos. Al resistirnos persisten, nuestro malestar va en aumento, por lo que continuamos oponiéndonos a ese oleaje cada vez más fuerte. Es un esfuerzo titánico que nos debilita y vacía todas nuestras fuerzas, destruyendo lo que habíamos construido. En cambio, si tenemos el coraje de aplicar paradójicamente la estrategia de sumergirnos bajo la ola, no nos sacude la fiereza indómita del oleaje de estos pensamientos y podemos seguir nuestra ruta.

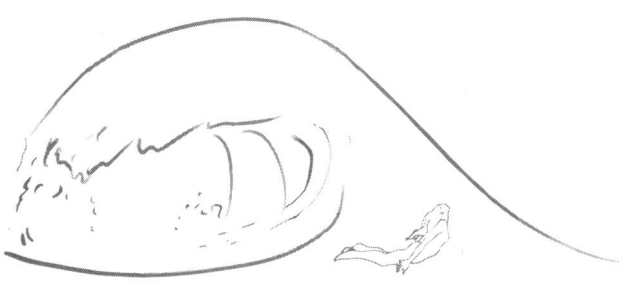

Si te resistes, persistes en el malestar. Resistir no es la solución.

¡Que alguien me lance un salvavidas!

Ante esas embestidas del oleaje de pensamientos intrusivos buscamos un método que nos salve, pero **cuando intentamos combatirlos con la razón, la comprensión analítica o el pensamiento positivo, a menudo descubrimos que estos recursos son insuficientes para detener su fuerza. Es más, pueden resultar**

contraproducentes. Necesitamos un salvavidas realmente eficaz, ya que el peligro es serio y los pensamientos disruptivos e incesantes nos consumen, cambian nuestro ser hasta el punto de hacernos perder el deseo de vivir bajo esa presión.

¿Y por qué digo que la razón, la comprensión analítica o el pensamiento positivo pueden resultar contraproducentes como mecanismos de intervención en los problemas del sobrepensar? A continuación, desmontaremos unos cuantos mitos que te ahorrarán mucho tiempo.

1. ¡Cuidado!: Racionalizar o comprender la causa no garantiza la solución

Descubrir la causa de tu sufrimiento no siempre lleva a una solución inmediata. La mente humana es un entorno dinámico y complejo, influenciado tanto por factores psicológicos como sociales que afectan profundamente nuestra neurofisiología y neuroanatomía cerebral. Estos pueden alterar el equilibrio mental y atraparnos en un estado patológico que limita nuestra capacidad de actuar con libertad.

Para lograr un cambio duradero hacia un estado de homeostasis mental saludable, donde podemos tomar decisiones y trascender pensamientos, emociones y sensaciones limitantes, es crucial dejar de buscar el porqué del problema. Hay que evitar interpretar las causas que nos arrastran a un sinfín de pensamientos y posibles dinámicas obsesivas. **Para poder ser resolutivos y pragmáticos debemos centrarnos en el cómo, concretamente, en cómo funciona el problema.**

No el porqué, sino el cómo

Comprender cómo funciona el problema y el modo en que se perpetúa este ciclo vicioso y patológico en la mente es esencial para seleccionar la estrategia y las técnicas adecuadas que modifiquen efectivamente su funcionamiento. Mi propuesta es invitarte a dejar de lado esa inteligencia obsesiva que se fundamenta en la premisa de que «cuanto más conocimiento obtenga, mejor lo haré», pues compruebo cada día en terapia que esa actitud nos raya mucho y hace poco o nada por sacarnos del problema. En cambio, te invito a desarrollar la inteligencia estratégica, que se basa en pensar justo lo necesario. Para lograrlo tendremos muy presente cómo percibimos la situación y seleccionaremos muy bien el conocimiento que adquirimos para focalizarnos en la acción.

2. ¡Cuidado! El vacío mental es imposible

El mito de que podemos detener completamente los pensamientos o eliminarlos de nuestra mente es una idea común pero errónea. Este concepto sugiere que, con suficiente esfuerzo o con la ayuda de la técnica correcta, uno podría lograr un estado mental sin pensamientos, lo cual no refleja la verdadera naturaleza de la actividad cerebral humana. Aquí te explico por qué es un mito y qué implica:

- **¡El coco *non stop*!**: el cerebro humano está diseñado para estar constantemente procesando información, incluso cuando no estamos enfocados en tareas específicas. Los pensamientos son una parte esencial de este proceso y permiten que evaluemos el pasado, planifiquemos el futuro y reaccionemos al presente. Ten en cuenta que el equilibrio no es estático nunca, siempre se consigue con pequeños movimientos que ayuden a que los pensamientos fluyan sin interferencias.
- **El vacío mental total es imposible:** intentar eliminar los pensamientos o detener el proceso de pensamiento es prácticamente imposible. La actividad mental, incluyendo el flujo de pensamientos, es una función cerebral continua que solo cesa en condiciones extremas, como durante ciertos estados de coma o muerte cerebral. Hasta durmiendo nuestro coco está *non stop*.

No eliminar, sino entrenar

El objetivo más saludable no es eliminar los pensamientos, sino desarrollar habilidades para gestionar y regular su impacto en nuestra vida emocional y conductual. Esto ayuda a evitar la trampa de creer que uno debe tener un control total sobre su mente, lo cual puede generar frustración y más estrés mental.

3. ¡Cuidado!: El pensamiento positivo puede tener efectos muy negativos

Aunque el pensamiento positivo y las afirmaciones pueden ser útiles en ciertos contextos, en casos de trastornos obsesivos o rumiaciones profundas, es decir, cuando uno ya sufre de ansiedad y depresión, estos métodos **no solamente no funcionan como primera maniobra, sino que son contraproducentes. Intentar suplantar pensamientos intrusivos simplemente con positivismo puede llevar a la evitación y a la invalidación de emociones auténticas, lo cual podría agravar el ciclo obsesivo en lugar de resolverlo.** Por lo tanto, como primera maniobra, los pensamientos y las afirmaciones positivas no son recomendables, aunque pueden ser útiles para cualquier persona que no sufre por pensar demasiado ni ningún trastorno de ansiedad.

A pesar de su popularidad, este enfoque nos empeora, especialmente en situaciones de angustia emocional. Decirle a alguien que está deprimido que «piense en positivo» puede intensificar su dolor, ya que este tipo de consejos a menudo ignoran la complejidad de las emociones humanas y hacen que las personas se sientan incomprendidas o incapaces de cambiar su estado emocional por sí mismas.

El pensamiento positivo tiende a ser más efectivo cuando las circunstancias ya son favorables. En estos casos, pueden mejorar la situación. Sin embargo, en momentos de crisis o tragedia, insistir en la positividad resulta insensible y tal vez incluso empeore las cosas, ya que no proporciona un camino realista hacia la resolución de problemas.

No suplantar un pensamiento por otro, sino accionar desde las estrategias paradójicas

Desde una perspectiva moral y religiosa, a menudo se nos ha inculcado la creencia de que seremos buenas personas si mantenemos pensamientos y sentimientos positivos y coherentes hacia nosotros mismos, hacia los demás y hacia nuestro entorno. Sin embargo, **el problema surge cuando nos culpamos y luchamos en nuestro interior por no poder alinear nuestros pensamientos o sentimientos con nuestro sistema de valores morales.** Esta batalla interna contra los pensamientos percibidos como negativos y contrarios a la voluntad, ya sea intentando contrarrestarlos con otros positivos o eliminarlos por completo, solo consigue intensificar el conflicto y agravar la tensión y la ansiedad llevando a una inevitable derrota.

Si volvemos a hacer uso de la analogía del mar, es verdad que un nadador experimentado puede detectar una corriente marina desde la orilla y elegir una ruta que evite pasar por zonas peligrosas. Sin embargo, a menudo estas corrientes no son visibles hasta que nos encontramos en medio de ellas. En tales situaciones, la lógica racional —como intentar alcanzar la orilla— no funciona, en especial cuando se trata de pensamientos obsesivos, que generan un agotamiento total debido a la lucha contra la corriente. En estos casos, es prudente aplicar soluciones paradójicas.

Una solución paradójica, es decir, distinta a la habitual de oponer nuestra fuerza a la del mar, es ir a favor de la corriente. La estrategia podría ser tener la valentía de nadar mar adentro, siguiendo la dirección de la corriente, hasta que sea posible escapar de ella o encontrar una salida lateral. Las prescripciones estratégicas que encontrarás en este libro te entrenarán en este tipo de maniobra no convencional. Como descubrirás a lo largo de estas páginas y en los casos de los pacientes, **el pensamiento paradójico, en realidad, es más afín y connatural a nuestra sabiduría innata.**

4. ¡Cuidado!: Hablar no lo cura todo

Suele pensarse que hablar de los pensamientos obsesivos puede ser terapéutico; sin embargo, para algunos esta práctica podría reforzar involuntariamente estos pensamientos y patrones negativos. Al brindarles atención continua, se intensifican y se vuelven más dominantes en la mente de la persona, lo que resulta contraproducente para quienes necesitan distanciarse de sus obsesiones. Es esencial aprender el valor del silencio. Silenciarnos para apaciguar el ruido mental y reconocer que ciertos aspectos de nuestras vidas merecen privacidad y reflexión interna. En definitiva, **silenciarnos para apagar el ruido mental**.

Hablar donde y con quien corresponde

Compartir con tu entorno tus pensamientos obsesivos no hace sino incrementar el problema e incluso poner en riesgo de rumiación a otras personas. La mayoría de los que intentan rescatar a alguien en el mar podrían acabar ahogándose porque desconocen las técnicas paradójicas que a menudo son cruciales en tales circunstancias. Solo un especialista con experiencia adecuada está equipado para ayudar.

Por todo esto, el salvavidas más efectivo tiene que ver con un conocimiento de la gestión de estas corrientes, porque hay que saber moverse estratégicamente para que la naturaleza que nos es propia como seres pensantes equilibre su fuerza. Y aunque este libro o un buen profesional te brinden una guía de recursos y conocimiento, **ten en cuenta que, de los males del pensar, de las rumiaciones o de las obsesiones o te salvas en primera persona, o no te salvas**. Ninguna otra persona podrá hacer esa labor por ti.

Una práctica que es conocimiento

En mi práctica clínica he demostrado cómo casos de trastornos obsesivo-compulsivos severos dados por perdidos se han liberado de esa cárcel con técnicas que provienen de mi orientación psicológica: la terapia breve estratégica (TBE). Si has leído otros libros de divulgación probablemente te sorprenderá que la información que hayas obtenido hasta ahora sobre este tema difiere significativamente de lo que encontrarás aquí. He realizado una exhaustiva revisión de la literatura existente y puedo asegurarte que este libro toma un rumbo diferente por una contundente razón: la divulgación en psicología dista mucho de lo que implica una intervención psicológica efectiva. Y no solo eso, sino que a veces no concuerda y se divulgan bobadas que sobre el papel quedan amorosas, pero que alimentan los pensamientos mágicos de la buena suerte que pueden llegar a ser muy dañinos.

Este libro propone un enfoque diferente, un conocimiento práctico, y por eso te invita a mi consulta, a que asistas a sesiones con diferentes pacientes. En cada capítulo, en la intimidad de un proceso terapéutico, un paciente expresa según sus palabras la manera en que le afligen sus pensamientos recurrentes y obsesivos. Con ellos nos adentraremos en un diálogo revelador, para que asistas en primera fila a la práctica de la terapia. A cada uno le prescribo ejercicios, psicosoluciones y frases-antídoto que tienen efectos positivos y, siendo testigo del devenir de las sesiones, podrás comprobar cómo estas impactan y modifican su comportamiento y, por ende, sus vidas. Por tanto, este es un libro práctico para experimentar otra manera de hacer las cosas. Es una lectura inmersiva donde puedes empatizar e incluso identificarte con los pacientes. Siguiendo las sesiones puedes integrar, como ellos, el conocimiento que se obtiene a través de las prácticas propuestas. El verdadero objetivo de este libro es entrenarte para ayudarte a alcanzar un dominio en la gestión de pensamientos dañinos.

La terapia breve estratégica frente a los problemas de pensar demasiado

La TBE en su tratamiento de los problemas de un pensamiento excesivo u obsesivo no suele durar más de diez sesiones. Entre la primera y la cuarta, a menudo se deshace el nudo problemático. Luego hay un trabajo de consolidación, es decir, de entrenar al paciente en un aprendizaje que le permita sostener ese cambio en el tiempo. **Un factor determinante de esta terapia es que las explicaciones vienen a posteriori del cambio y no antes.**

Cuando el paciente inicia el proceso, a través del uso de una comunicación persuasiva hipnótica puede delegar el control en el terapeuta. Gracias a ello se atreve a experimentar ejercicios que nunca habría pensado por sí mismo y que lo ayudan a salir de la inercia del piloto automático y a sentirse seguro gracias a la contención de la terapia. Es así como aprende a través de la experiencia.

En otro tipo de metodologías terapéuticas, como las terapias cognitivas comportamentales, lo normal es que empecemos al revés, enseñando al paciente a pensar bien para sentir bien, pero ¡ay!, de esta manera únicamente se está potenciando lo que estos pacientes ya saben hacer por exceso: pensar y entrenarse a pensar para por fin pensar bien. Pero ¿qué es «bien»? ¡Ya la hemos liado! Hemos abierto la caja de Pandora de nuevo, y con ella, un proceso incesante y obsesivo.

En cambio, las estrategias de la terapia que practico y te propongo son eficaces porque primero se promueve el cambio desde las sensaciones y las percepciones. En una segunda fase, ese cambio va acompañado y reforzado por un aprendizaje que brinda autonomía a la persona.

La terapia breve estratégica funciona

Por circunstancias personales he sido una estudiante exhaustiva a la par que crítica con la materia de mi estudio. Considero la psicología una ciencia médica y, desde ese rigor, me importa resolver los problemas psicológicos en el menor tiempo posible. Cuando descubrí el trabajo del psicólogo Paul Watzlawick, centrado en el papel preponderante de la comunicación, y de su discípulo el psicólogo Giorgio Nardone, encontré en la TBE un enfoque que me permite resolver problemas psicológicos de forma efectiva y rápida. Es decir, es una terapia que ahorra sufrimiento a mis pacientes, y por eso me decanté por practicarla. La TBE es capaz de dar prescripciones que se basan en la lógica matemática de la paradoja, de la contradicción o de la creencia a la par que contiene un componente humanista, el cual permite acompañar a la persona y otorgarle a la comunicación, a la palabra y a la relación valores esenciales. Dicho de otro modo, la palabra es el bisturí con que me adentro en el problema.

Los terapeutas breves estratégicos para resolver los conflictos entre los seres humanos de forma breve y eficaz usamos la perspectiva constructivista. El constructivismo nos dice que no existe una única realidad verdadera e inamovible, sino tantas como puntos de vista hay. Por eso, para resolver conflictos entre personas debemos tener muy presente uno de los pensamientos de Blaise Pascal:

> Cuando se quiere reprender a alguien útilmente y mostrarle que se equivoca, hace falta observar el punto de vista desde el que él considera la cosa, porque desde ese lado ordinariamente la cosa es verdad; hace falta, pues, darle la razón de esta verdad, pero se necesita también descubrirle el lado falso. Y él se alegra de esto porque ve que no se equivocaba, sino que no había considerado la cosa en todos los aspectos. Nadie se avergüenza de no llegar a verlo todo, pero nadie quiere reconocer estar equivocado.

Las personas tendemos a aplicar en nuestra vida esquemas de percepción y de reacción redundantes. Se trata de formas de percibir la realidad, tanto externa como interna, mediante el filtro de un esquema rígido y cerrado que activa respuestas en nuestro sentir y en nuestro actuar redundantes y de manera automática. Son reacciones psicobiológicas no mediadas por la consciencia ni activadas por la voluntad. Es como si percibiésemos y reaccionásemos automáticamente.

Uno de los logros de la TBE es que **permite tomar consciencia del mecanismo automático y desmontarlo**. Por ello, y por un uso de la comunicación más allá de la lógica de la razón que apuesta por una más afín al comportamiento humano que incluye las paradojas, las contradicciones y las creencias, es una terapia efectiva para tratar los trastornos que genera el exceso de pensamiento.

Vamos a por el coco

Este libro se centra en el sufrimiento oculto y silencioso que aflige a muchas personas. La mente puede convertirse en nuestra mayor enemiga al desarrollar malos hábitos de pensamiento, pero también podemos desactivarlos y reeducarla para que vuelva a ser nuestra mejor amiga.

He estructurado y redactado este libro de tal manera que impulse un cambio inevitable en ti. Al exponer las vivencias reales de pacientes que luchan contra pensamientos intrusivos, obsesiones, ansiedad y paranoia, te empujo sutilmente hacia la transformación. **Descubrirás que, al concluir su lectura, habrás integrado a la perfección las diez principales soluciones psicológicas para escapar de las trampas mentales de manera breve y eficaz. Además, las frases-antídoto más impactantes resonarán en tu mente, proporcionando el estímulo necesario para restaurar el equilibrio de tu salud mental.**

He seleccionado cuidadosamente estas psicosoluciones y frases poderosas para destruir la voracidad de cualquier tipo de obsesión que amenace con comernos el coco y consumirnos por dentro.

A medida que te embarcas en la lectura de este libro, evita detenerte ante cualquier pensamiento, duda o sensación que surja. Concéntrate en el objetivo de completar la lectura de principio a fin, a pesar de que los pensamientos y las dudas intentarán distraerte. Permíteles existir, pero mantén tu enfoque firme en la lectura.

Y recuerda: pensar resulta inevitable, pero comerse el coco es opcional

Ten presente que pensar es un superpoder que conlleva una gran una responsabilidad. ¿Preparado para entrenar tu superpoder? ¡Vamos allá!

Gracias por elegir esta lectura.

Abriendo el coco

Para comenzar a abrir el coco acompañaremos a María en su primer día de sesión terapéutica. Ponte cómoda tú también. Estamos en un espacio seguro, donde se puede hablar con confianza. Cada persona tiene su velocidad de apertura, así que seguir paso a paso a María nos permite desgranar poco a poco una información compleja de una manera sencilla. Gracias al caso de María, a sus preguntas y al diálogo que se establece entre paciente y terapeuta, asistimos en primera persona a un caso concreto que nos ilumina sobre cuestiones genéricas y que, al mismo tiempo, experimentamos de manera cercana y progresiva, lo que facilita la integración de los conceptos y, por ende, de un conocimiento destinado a poner fin al sufrimiento.

María se sienta frente a mí. Es nuestra primera cita. Se sujeta la cabeza con las dos manos, como si dentro tuviera un hervidero de ideas y, en efecto, me dice:

—Júlia, no sé por dónde empezar. No puedo más. Mi cabeza va a explotar... ¿Y si no cuento la verdad porque no me sé explicar bien? ¿Y si me olvido de cosas que es importante que sepas?

Sospecho que María ha venido acompañada de «Sr./Sra. Y Si...», aunque probablemente ella no lo sabe. Lo más seguro es que piense que ella y el/la «Sr./Sra. Y Si» son la misma cosa. Se ha acostumbrado a vivir bajo su tiranía, a que tome la delantera y se superponga a sus pensamientos, convirtiéndolos en incesantes preguntas que la desorientan y le complican mucho la vida.

—Veo que las esculturas de mis lobos, el blanco y el negro, han captado tu atención, ¿te gustan?

María se sonroja levemente y balbucea.

—Es que me han hecho pensar en una historia que leí una vez. Me pareció muy coherente y he intentado seguir su consejo. Es una historia que debería haberme ayudado, pero algo debo de hacer mal, porque sigo en el mismo punto.

—Cuéntamela —le pido amablemente.

—Oh, pero seguro que ya la sabes. ¿Y si te aburro? ¿Y si me olvido de la parte más importante? ¿Y si...?

—Por favor, cuéntamela.

María vuelve a tocarse la cabeza, como intentando frenar un vehículo que va demasiado deprisa. Mira las figuras de los lobos y comienza:

—La historia cuenta la conversación entre un niño y su abuelo. El nieto le explica que no puede más, pues últimamente no para de pensar en cosas negativas. Cuanto más intenta no pensar en ellas, más se multiplican. De inmediato me sentí identificada con ese niño, porque a mí me ocurre lo mismo, mi cabeza no para de generar ideas negativas, siempre me pongo en lo peor y me siento fatal.

»El abuelo de la historia consuela al niño diciéndole que lo que está viviendo significa que ya es mayor para que le sea revelado un gran secreto. A mí esas palabras me causaron una gran expectación, quizá comprendería al fin por qué me veía inundada de pensamientos negativos y cómo podía pararlos.

»Entonces el abuelo le explica que la mente está habitada por dos lobos, un lobo blanco y otro negro. El lobo negro es aquel que dice cosas que te dan miedo para enfadarte, negativas para que sientas ansiedad, envidia o frustración... El lobo blanco te cuenta justo todo lo contrario: que no hay de qué preocuparse, que eso no ocurre, que estés tranquilo... El caso es que los dos lobos se encuentran en una pelea continua, combatiendo entre ellos.

»Naturalmente el niño quiere saber cómo acaba esa pelea, si alguno gana. Y el abuelo contesta "¡Lo hará el que tú más alimentes!".

»Después del cuento, se recomendaba la importancia del pensamiento positivo.

»Verás, Júlia, yo a partir de ahí he intentado dar de comer al lobo blanco y cada día intento hacer afirmaciones positivas, pero no hay manera, el coco se me dispara y no puedo parar de ver problemas, de rumiar incesantemente pensamientos que me mantienen en una tensión constante. ¿Qué estoy haciendo mal?

La historia de los dos lobos simboliza una dinámica real de la mente. Todos, sin excepción, convivimos con esos dos lobos, con esa polaridad que se manifiesta en nuestros pensamientos. No podemos hacer nada al respecto, porque son dinámicas que escapan a nuestra voluntad. No se trata de que seamos mejores o peores personas, sino de comprender que ambas dinámicas forman parte de la mente y han de convivir a espaldas de nuestro control.

—Quizá debas detenerte un momento y reflexionar, María. Estás tratando de que el lobo negro sea erradicado, de hacerlo desaparecer a través de las fórmulas mágicas del pensamiento positivo. Pero eso no funciona. Es más, empeora la situación, porque el lobo negado se enfurece y ataca con más virulencia. Es decir, toma más presencia, «gruñe más fuerte», para que te enteres de que está ahí, de que forma parte de ti.

—Entonces ¿no puedo hacer nada?

La voz de María suena desolada. Sé que como ella hay millones de personas, mujeres y hombres de todas las edades y condiciones sociales, que sufren de una manera terrible el asedio de un exceso de pensamiento tóxico. Es un sufrimiento incesante, porque esta dinámica está presente en todas las decisiones y los acontecimientos de sus vidas. A menudo es un sufrimiento callado, una preocupación tabú, pues genera vergüenza e inseguridad.

—¡Claro que puedes hacer algo! Primero, debes entender que no puede ganar ni uno ni el otro. La mente no es una película de buenos y malos, de vencedores que arrasan con los villanos, ¡no! Si hay dos lobos repartiéndose el territorio de tu mente, lo que debes conseguir es que estén en equilibrio. Esa es la clave de la salud, un equilibrio tal que ni te enteres de que viven contigo. Los que os esforzáis en pensar en positivo, recurriendo a estas afirmaciones como una especie de talismán, interpretáis esta historia como que solo hay que alimentar al lobo blanco para vencer al negro. Sin embargo, al hacer esto te estas desequilibrando aún más, porque enfadas al lobo negro, lo pones rabioso y te ataca. Y en ese combate cada vez más intenso te sentirás cada vez más tensa, más angustiada e insegura.

»**La salud es un juego de equilibrio.** Los griegos ya lo acuñaron en una máxima sencilla: "Todo en su justa medida". En encontrarla radica la complejidad, pero también la orientación.

—Me he dado cuenta de que yo sola no puedo dejar de...

—¿De comerte el coco?

—Haces que suene divertido.

—Es una imagen divertida, y un poco de humor siempre sienta bien a los asuntos serios. Porque la vida es contraste y paradoja. A los seres humanos nos gustaría ser totalmente coherentes, pero, en realidad, no funcionamos así.

—La verdad es que es como si realmente me estuviera comiendo la cabeza, como si masticara una y otra vez los mismos pensamientos y rumiara sin cesar las mismas obsesiones.

—Por eso vamos a poner juntas a los lobos a dieta.

—¿A dieta?

—Debes aprender a dejar de alimentar a estos dos lobos porque ellos ya son capaces de encontrar alimento por sí mismos. No será fácil, por eso te diseñaré un programa estratégico a medida.

—Es que ya no sé quién soy yo o quiénes son los lobos.

—Lo sé; ese será nuestro primer objetivo: que los identifiques. La meta es que dejes de alimentarlos por completo, es decir, de hablar mentalmente con ellos, por mucho que te pidan de comer de forma amable (el lobo blanco) o amenazadora (el lobo negro) para que les hagas caso. Debes saber que cada vez que hablas o te disgustas con ellos los alimentas más y no paran de crecer en tu mente. Así, devoran todo lo que encuentran en tu interior hasta dejarte cada vez más debilitada. Cuanto más los alimentas, más te piden...

»Pero lo importante es que entiendas que siempre han estado dentro de ti. Se alimentaban por sí solos, y tú no te dabas cuenta o no te preocupabas demasiado si alguna vez reparabas en su presencia.

»Pero ahora sientes una tensión y una ansiedad constantes porque percibes la lucha que hay entre esos dos lobos y has tomado partido en el conflicto, posicionándote del lado de uno de ellos, el lobo blanco. Y esta postura tuya ha enfadado al negro, quien está mostrando toda su fuerza dentro de ti.

—Ni que lo digas, no me deja ni dormir... Es un no parar de pensar cosas feas que no debería, cosas que creo que la gente no piensa. ¿Y si esto no tiene solución?

—Iremos paso a paso, vamos a cambiar la forma en la que les das de comer ahora para que estén más tranquilos, ninguno pase hambre y, a la vez, empiecen a compensarse y a equilibrarse. Nuestro objetivo será que vuelvan a su dinámica en el trastero de tu mente, el subconsciente, funcionando sin tu ayuda, sin que tú te enteres.

»Para solucionar los bucles en los que la mente nos mantiene, la TBE, que es mi orientación terapéutica, utiliza diferentes estrategias. A veces, paradójicamente, los problemas se solucionan alimentando más al lobo negro durante un tiempo y de una forma determinada. Esto parece una contradicción, pero los humanos somos más contradictorios que coherentes, y la lógica de pensar y sentir se basa más en la paradoja y la contradicción que en la coherencia.

»Aunque nos han hecho creer que debemos frenar y eliminar los pensamientos negativos, veremos que, la mayoría de las veces, hay que hacer justo lo contrario: acelerar los pensamientos negativos durante un tiempo determinado. Esa aceleración provoca, paradójicamente, que se detengan y, por consiguiente, alivio. Los aceleramos para desacelerarlos.

—¡Los aceleramos para desacelerarlos! ¡Parece magia!

—Bueno, Arthur Clarke decía que una tecnología lo bastante avanzada no se distingue mucho de la magia.

—¿Y si conmigo no funciona? Porque yo tengo pensamientos muy negativos. Son tan terribles que ya no puedo ni volar en avión. Voy a tener que renunciar a un viaje de trabajo, y me temo que al final me acabarán despidiendo.

—¿Te da miedo volar?

—Me da mucho miedo que ocurra un accidente. No a que el avión se caiga o algo así, no. El atentado del 11-S me dejó en shock. Desde entonces mi miedo es que pongan una bomba dentro del avión en que viajo. Mi anterior terapeuta trataba de tranquilizarme diciéndome que el noventa por ciento de las cosas que nos preocupan no ocurren. Pero a mí este dato no me tranquilizaba nada. Aunque intentaba utilizar la frase como un talismán, en realidad pensaba «a mí me da igual el noventa por ciento, ¡yo seré ese diez!».

Esta solución de apelar a frases talismán, afirmaciones positivas que minimizan los pensamientos en función de porcentajes, o de intentar que los pacientes que sufren de pensamientos obsesivos identifiquen sus pensamientos negativos y se cuestionen si son racionales o irracionales es totalmente ineficiente. Como bien explica María, en su lógica se aferrará a ese 10 por ciento y allí se situará ella.

—María, ¿cómo crees que puedes minimizar el riesgo?

—Evitando subirme al avión... Como hago desde hace un tiempo... Ya me siento incapaz de viajar en uno.

—Pero, si tuvieras que coger un avión por urgencia sí o sí, ¿qué precauciones tomarías?

—Para reducir el porcentaje de riesgo del accidente sería yo misma la que introduciría un artefacto. Por ejemplo, podría conseguir meter en el avión una bomba sencilla, un cóctel molotov, y así me protegería a mí y a todo el pasaje porque, evidentemente, no la haría detonar.

Esta lógica, a priori, se basa en una hipótesis inicial que parece absurda: «Moriré en el avión por un atentado terrorista». Al pensar la solución (llevo yo la bomba y así cumplo con el 10 por ciento de imprevistos), la respuesta tranquiliza. Esta lógica desencadena una cascada de pensamientos, de preguntas y respuestas coherentes entre ellas, aunque respondan a una duda o hipótesis inicial absurda. Hemos de entender que para las personas obsesivas la hipótesis no tiene nada de absurda, porque el miedo es tanto que es la única manera que encuentran para calmar su fobia.

Lo que hay que desactivar no es intentar convencer a la persona de si le va a pasar algo o no. De hecho, en esa postura, el profesional comete el mismo error que el paciente al creerse que, por ser psicólogo, controla el futuro. Las frases como «estate tranquilo, no va a suceder nada» no solo no sirven, sino que son contraproducentes y alimentan los pensamientos que confirman que el avión puede ser peligroso. Lo que hay que hacer es entrenar al paciente para gestionar el miedo, como iremos viendo.

—Ojalá yo fuera como el resto de las personas, y nunca pensara en si van a poner una bomba en el avión o no, o si en realidad quiero suicidarme, porque se me pasó por la cabeza tirarme a la vía del metro, o...

—María, nadie está libre de tener ideas negativas o pensamientos raros o estrambóticos. En realidad, ¿sabes que según los últimos estudios nuestro cerebro es capaz de crear un promedio de entre seis mil a setenta mil pensamientos al día. ¿Y de estos se estima que más del noventa por ciento son repetitivos, bizarros y un ochenta por ciento negativos?

Nuevamente, no se trata de poner el foco en el porcentaje, sino en evidenciar que todos estamos a merced del piloto automático de la mente, y pensamos infinidad de cosas, muchas de ellas extravagantes. El asunto es que esos pensamientos se quedan en el trastero de la mente, en ese fondo inconsciente, y por ello pasan desapercibidos.

Las personas que sufren por sus pensamientos negativos son aquellas que han empezado a darle especial atención a ese piloto automático. Se toman en serio pensamientos que son un lastre, pero al darles validez empiezan a tomar poder sobre ellas y sobre sus vidas.

—La dieta consistirá en identificar esos pensamientos, saber bajo qué máscara se introducen desde el trastero de tu mente en el día a día, y aplicar las psicosoluciones necesarias para equilibrar la mente.

—Y con esta dieta, ¿será como si desaparecieran?

—Bien observado, acuérdate de que ningún lobo ha de ganar, no es una cuestión de erradicar, sino de aceptar la naturaleza de nuestra mente, aprender a convivir con ella o a pesar de ella. Con esta dieta conseguiremos que los dos lobos vuelvan al subconsciente. Allí jugarán al pillapilla o descansarán, pero ya casi no te enterarás. Eso es lo que ocurre en una mente sana y equilibrada. Apenas es consciente del tumulto de sus pensamientos en piloto automático porque está concentrada en la acción del presente. Y si quieres silencio mental, primero tendrás que hacerte amiga de los lobos salvajes que aúllan en tu mente.

—Pero, Júlia, ¿y si entran de nuevo en combate?

La «Señora Y Si» volvía a adelantarse a María. Pronto la desenmascararíamos, dándole a María una de las mejores herramientas para mantener a raya los pensamientos obsesivos.

—Si vuelve a pasar, sabrás que no es tu guerra, y si quieres que termine, deberás vencer sin combatirla.

Así que, mi querida lectora, siguiendo a María, te propongo caminar esta experiencia a lo largo de las páginas de este libro. Puede que, por el momento, tu «Señora Y Si» te haga ver la cuesta más empinada de lo que en realidad es.

Sin embargo, ya hemos dado el primer gran paso. Hemos entendido **que la mente es como el símbolo del ying y el yang de la tradición china. Aceptemos, pues, estas dos fuerzas opuestas e interconectadas que forman el todo**, y que son parte de nosotros. Atendamos a esa naturaleza sin violentarla ni controlarla.

Si los pensamientos automáticos, que suelen aparecer en forma de imágenes, dudas o ideas recurrentes, han tomado demasiado foco y se han hecho con el espacio del consciente y te molestan, generando angustia, frustración e incluso parálisis, aquí tienes una guía para devolverlos a su lugar. Después de la lectura de este libro y la puesta en práctica **de las diez psicosoluciones y las diez frases-antídoto** confío en que vuelvan al trastero de tu mente. Así podrás salir de la trampa del hábito de comerte el coco, para, al fin, tomar tus decisiones y sujetar las riendas de tu vida desde una mente en equilibrio.

Primera psicosolución

Identifica y deja pasar por tu mente las preguntas, las imágenes y los pensamientos trampa y ánclate en las acciones del presente.

Frase-antídoto:
«Cuando pienso demasiado, me hago daño».

Mi vida estuvo llena de desgracias, muchas de las
cuales jamás sucedieron.

DESCARTES

Pensar es una actividad intrínseca al ser humano, pero, con frecuencia, puede convertirse en el origen de profundos sufrimientos. Si Descartes acuñó su máxima *cogito ergo sum* —«pienso, luego existo»—, lo que muchos pacientes traen a consulta es *cogito ergo soffro* —«pienso, luego sufro»—. Y es que las personas no podemos dejar de plantearnos preguntas y dudas. De hecho, es un rasgo esencial como humanos que nos ayuda a gestionar la realidad y a mejorar nuestras habilidades. Pero hemos de ir con cuidado, porque la duda, así como puede ser el trampolín del pensamiento creativo, también puede convertirse en el resorte del obsesivo.

Pensar nos ayuda, pero depende de cómo lo hagamos puede hacernos sentir tan indecisos y tan inseguros que acabemos dudando de todo. **Las dudas son saludables si nos ayudan a progresar en un razonamiento, nos orientan o nos llevan a descubrimientos, pero resultan claramente patológicas cuando nos abruman hasta el punto de que necesitamos reprimirlas.** La gran mayoría de las veces que entramos en lucha con nuestros pensamientos es porque nos están generando miedo, inseguridad, aversión o enfado. Estas emociones las experimentamos con malestar corporal, por ejemplo: una presión en el pecho, un vacío en la boca del estómago, un nudo en la garganta, dolores de cabeza, náuseas, mareos, tartamudeo, etcétera.

Precisamente, el síntoma corporal contribuye a disparar el bucle de la obsesión. Como las sensaciones y las emociones derivadas de los pensamientos son difícilmente tolerables, comenzamos a darles una gran atención en un intento de frenarlos y erradicarlos de nuestra mente. Sin embargo, resulta paradójico que esto haga que aparezcan cada vez de forma más desenfrenada y con más fuerza. Así, caemos en la dinámica obsesiva de comernos el coco, porque luchamos contra esa duda, esa posibilidad, esa idea, ese pensamiento, esa creencia que nos asedia y que nos provoca una emoción e incluso un síntoma.

El peligro de ritualizar

Algunos quizá estáis pensando «¡Qué dices, Júlia! Pero si yo les digo a mis pensamientos "No os quiero tener, ¡iros!", funciona». Otros pacientes invocan palabras que creen mágicas para neutralizar su torbellino mental, por ejemplo: Jesús, Ángel, flor, mesa... Pero ¿seguro que es eficaz? ¿Cuántas veces al día debes repetirles esto? Si funcionara de verdad, ¿crees que deberías usar siempre esta herramienta?

Si empleas este tipo de afirmaciones, ten cuidado, pues que se hayan convertido en una frase recurrente seguramente indica que el problema no ha desaparecido, sino que lo has ocultado con una ritualización. La frase o palabra positiva, si se ritualiza, constituye otra obsesión, ya que dependes de ella.

Las psicosoluciones de este libro deben usarse solamente durante un tiempo determinado porque, por muy buena que una solución sea, usada en exceso puede convertirse en parte de una obsesión. Todos los casos que irás viendo en esta obra se sirven de una serie de prescripciones o ejercicios que contribuyen a sacar a la persona de la obsesión, y que tienen una forma y una duración muy concretas. Cuando conseguimos atravesar las distintas etapas para desarticular el proceso obsesivo alcanzamos una herramienta fundamental, la llave de oro, que veremos en el capítulo final, y que es una actitud que contribuye al equilibrio y a la serenidad mental. Poco a poco, avanzaremos hacia la llave de oro, mientras tanto, te ayudaré a que no confundas la ayuda puntual que te brinda una psicosolución con un rito compulsivo.

Ejercer de psicóloga es un asunto delicado porque cualquier intervención se asemeja a una cirugía y hay que intervenir sin dejar efectos adversos o nuevas patologías causadas por una mala praxis. Por eso te recomiendo que, si empiezas el libro, lo acabes. Tómate tu tiempo, ve a tu ritmo, ni demasiado rápido ni demasiado lento, pero recórrelo de principio a fin. Si sufres por comerte el coco y te quedas a media lectura, corres el riesgo de no comprender el contenido en profundidad y de utilizar las herramientas como talismanes.

El miedo a la pérdida de control

A través del caso de María, exploramos el de una mujer que padece pensamientos intrusivos y fobias de impulsión, nacidos del miedo a perder el control y actuar de manera que podría dañar a otros, en especial a sus seres queridos. Estos pensamientos, a pesar de sus esfuerzos, escapan a su control y afectan profundamente a aquello que más valora. Este dilema, agravado por la imposibilidad de compartir sus preocupaciones por miedo a que se materialicen, la sumerge en un estado continuo de ansiedad y sufrimiento. **María ejemplifica cómo la búsqueda de certeza y seguridad de no causar daño incrementa su ansiedad y la hace más vulnerable a la incertidumbre.**

La ironía es que cuanto más combate sus pensamientos intrusivos, más intensamente se manifiestan, debilitándola desde dentro. La lucha constante contra su mente solo fortalece estos pensamientos obsesivos, probando que cuanto más intentamos controlar nuestras inseguridades internas, más poder les otorgamos sobre nosotros.

María se sienta expectante frente a mí.

—He estado pensando sobre la historia de los dos lobos. Gracias a la nueva perspectiva que me has dado, entiendo que el lobo negro se ha hecho más fuerte porque yo lo he hecho más fuerte, y que de igual modo puedo devolverlo a un tamaño más...

—Funcional —apunto.

—Funcional. Vaya, esa palabra me alivia mucho. Sin embargo, hay algo que no dejo de preguntarme, Júlia, ¿cómo he dejado que el lobo negro salte desde el trastero de mi mente hasta el escenario de mi día a día? ¿Por qué ha ganado ese terreno?

—Bueno, vamos a imaginarte en una historia que nos puede dar luz al respecto. ¿Quieres oírla?

—¡Por supuesto!

—Imagina que una mañana encuentras, delante de tu puerta, un adorable cachorro que se asemeja a un perro. Parece que quiere jugar y tú te ríes despreocupada y, sin darte cuenta, el zalamero visitante se te mete en casa. Gruñe un poco, mordisquea tus zapatillas, y es entonces cuando te das cuenta de que tiene hambre. Le das un trocito de filete y sigues con tus cosas. Cada día el animal va creciendo y quiere que te entretengas más con él; el rugido de su hambre se vuelve más fiero, así que los trozos de carne son más abundantes. Al poco tiempo, lo que empezó siendo una linda mascota se ha convertido en un salvaje e incontrolable lobo, dispuesto a destrozarte si no consigue lo que quiere.

Esta metáfora terapéutica me gusta porque constata la forma espontánea en que aparece el lobo negro. Tú no has ido a buscar los pensamientos negativos, simplemente estaban delante de tu puerta y has dejado que se cuelen, que jueguen contigo, que te mareen exigiéndote atención.

Al principio has pensado «Si le doy un poco de alimento a este pequeño animal, tampoco es para tanto». Has pasado por alto que es una fiera. Pero cuanto más la alimentas, más crece dentro de tu hogar. Y cuando ya es lo bastante grande comprendes que vives asustada. Que cada vez ruge más fuerte y más a menudo, y que lo que dice su rugido te da miedo y te hace sentir mal, pero no puedes parar de darle de comer. Y, así, mientras le proporcionas el alimento que te pide no reparas en que te está comiendo el coco, en que te devora por dentro y te debilita.

El error ha sido alimentar a una fiera salvaje que jamás aceptará ser domesticada por nadie, porque su naturaleza es libre. Cuando pasa por el territorio del consciente y nos hace una seña, lo mejor es no responder, pasar inadvertidos. Si, por el contrario, intentamos relacionarnos con ella o combatirla..., caemos en su terrible trampa. El lobo negro es, en definitiva, una dinámica de pensamientos trampa que nos atrapa y nos devora.

Es muy común pensar que alimentando un rato a la fiera —dándole vueltas a los pensamientos negativos, a las dudas y a las respuestas que te das y que no consiguen aquietar tu desazón, es decir, runruneando— la voracidad de ese lobo se calmará. Sin embargo, nunca tiene suficiente, siempre quiere más y más. La naturaleza de esos pensamientos es tan perturbadora y la insistencia con que aparecen tan aterradora que te entregas al proceso, obediente, porque estás asustada. Y así, al comerte el coco, lo que estás haciendo es alimentar a la fiera, darle poder, hacer su tamaño más grande.

Deja de dar de comer a la fiera

—Entonces, y una vez que ya te he explicado todo esto, qué crees que deberías hacer para cortar esta dinámica de preguntas que te pone en alerta y dispara la reacción de comerte el coco en busca de una respuesta: ¿conseguir que no venga el lobo o bien que tú dejes de darle de comer?
—No darle más de comer.
—Exacto, **la única forma de que te liberes de este sufrimiento es que cada vez que detectes la pregunta trampa, bloquees la respuesta.** Por supuesto, el lobo va a insistir, volverá para reclamar alimento, pero tú debes detectar esas preguntas trampa y bloquear el flujo de respuestas. De ese modo, si eres capaz de bloquear las respuestas a estas preguntas, él irá aflojando hasta irse de tu casa al ver que ya no le sigues el juego.

María me mira entre esperanzada y dubitativa. Quiere corroborar que lo ha entendido bien.

—Entonces, cuando me asaltan las preguntas, ¿no me contesto?, ¿no me digo nada de nada?

—Nada.

—Es que son muy insistentes.

—Como estrategia puedes decirles «Después os atiendo», «Luego lo pienso», pero te ocupas de otra cosa. Demuestra en tus acciones que no te atemorizan, que no son el centro de tu vida. Si haces bien esto, desaparecerán más rápido de lo que te puedas llegar a imaginar.

María se detiene a reflexionar sobre todo lo que llevamos hablado. Por fin encuentra la manera de expresar lo que le preocupa.

—Es que mi lobo negro ruge tanto que ya no sé distinguir su gruñido de mis pensamientos.

—Claro, ese es el principal problema que debemos resolver para caminar en dirección al equilibrio mental. La causa de que no distingas ese gruñido, al que llamamos «pensamiento trampa», de la maraña de pensamientos negativos que te abruman es que el primero genera una descarga de nuevas reflexiones para intentar responderlo. De hecho, esos pensamientos que se derivan en bucle del pensamiento trampa son con lo que alimentas al lobo negro.

—¿Y qué puedo hacer para reconocer el pensamiento trampa y salir de la espiral de pensamientos negativos?

—En primer lugar, voy a enseñarte a detectar el pensamiento trampa.

—¿Puedo tender una red para cazar al lobo negro?

—No solo puedes, sino que debes capturarlo. Al identificarlo, lo detienes, lo aíslas. Te convertirás en una hábil cazadora; una vez que lo identifiques ya no tienes que responder de manera en la que lo haces habitualmente.

Identificar los pensamientos trampa

En efecto, es primordial reconocer los patrones de pensamiento y las imágenes negativas y disruptivas, así como las dudas patológicas que conducen al sufrimiento. A menudo mis pacientes no se dan cuenta de que no paran de darle vueltas a sus pensamientos, que sobrepiensan y que los lobos de sus mentes los manipulan y dominan. **Al identificar estos pensamientos, pueden comenzar a tomar medidas para cambiar sus patrones mentales.**

—Suena fascinante...
—Lo es.
—¿Y si no soy capaz?
—Mira, has sabido hacerlo tan bien que ya ha aparecido un rostro de tu loba negra. Es la «Señora Y Si».
—¿«Señora Y Si»?

En mi práctica clínica he observado la siguiente **clasificación de tipologías de dudas «Y si»**. Estas suelen llamar, de forma inocente, a nuestra mente consciente. Recuerda que, si las alimentamos, acaban devorándonos y comiéndonos el coco. A continuación te las resumo:

1. **Sr./Sra. Y Si.** El «¿Y si...?» nos abre un mar de dudas, el de la incertidumbre donde el ser humano siempre necesita encontrar una certeza para hacer frente a la inquietud. Pero al hacerlo se come el coco y se hace daño. Aprender que la certeza es que no hay certezas es algo muy difícil de asimilar, por eso las personas se vuelven obsesivas. Su necesidad de aferrarse a una certeza los pone a merced de todo aquello que no pueden controlar.

Estos «¿Y si...?» son cotidianos, se ciernen sobre todos los aspectos de la vida:

¿Y si pasa algo malo (enfermedad, muerte, accidente...)? ¿Y si me equivoco? ¿Y si me olvido? ¿Y si no puedo tener hijos? ¿Y si piensan que soy tonta? ¿Y si las cosas no son como deberían? ¿Y si no siento lo

que debería sentir por mi pareja? ¿Y si no estoy disfrutando como tendría que hacerlo? ¿Y si no debería haber tenido hijos? ¿Y si todos me engañan? ¿Y si...?

2. Sr./Sra. Por Qué. Subyace en las personas muy racionales, quienes buscan garantías de seguridad en todo aquello con lo que se relacionan. Cuando este «por qué» se instala en aspectos vitales que no funcionan con las leyes de la razón, empieza el bucle de pensamientos negativos. Su anhelo de coherencia absoluto está en jaque, pues para la pregunta trampa no encuentran una respuesta que les ofrezca garantías de que las cosas han sido, son y seguirán siendo de una manera determinada e inmutable. De este modo, la hiperracionalización le come el coco y va devorando al individuo.

El «por qué» cuestiona desde asuntos nimios hasta otros graves, todo pasa por su necesidad de razón:

¿Por qué me ha dicho esto mi amigo? ¿Por qué he cometido un error? ¿Por qué tenemos que morir? ¿Por qué he nacido mujer?, ¿Por qué debo tener hijos?, ¿Por qué...?

3. Sr./Sra. Para Qué. Bajo esta máscara el lobo negro nos contamina con el virus de la renuncia. Quien tiene como patrón de pregunta trampa el «Para Qué», se percibe como alguien que ha sido un iluso, tanto respecto de sí mismo como de los demás o del mundo.

Instala progresivamente la decepción sobre uno o varios aspectos, a la vez que se alimenta con la renuncia:

¿Para qué voy a apuntarme al gimnasio si luego no voy? ¿Para qué voy a intentarlo si luego siempre fracaso? ¿Para qué voy a hacer esto para el bien general si el mundo cada vez es más cruel? ¿Para qué esforzarme por los demás si luego ellos no hacen nada por mí?

La rumiación

María está sorprendida. No se había dado cuenta, hasta ahora, de que esa era la muletilla con la que se introducían sus pensamientos trampa. Ahora sabe cómo estar atenta, pero sigue sintiéndose insegura sobre cómo reaccionar.

—Pero, Júlia, cuando me surjan dudas o pensamientos feos, ¿qué hago?

—No puedes evitar que aparezcan. Ahora vienen con mucha fuerza y mucha frecuencia, pero debes bloquear la respuesta, la rumiación que te despiertan.

—¿Rumiación?

—Sí, a ese darle vueltas al mismo asunto se le llama rumiación.

—Igual que las vacas rumian la hierba. Comprendo.

—Cuando los identifiques, diles «Después te atiendo» o «Luego te pienso»... Se trata de darles largas. Sigue manteniendo la imagen que estamos trabajando: detrás de la pregunta trampa hay un lobo. Entonces le dices «Después te doy de comer, lobito mío, pero ahora tengo otras cosas que atender».

—Vale, le digo «Después lo pienso, Señora Y Si». Es gracioso, si lo desenmascaro y le doy esos nombres, «lobito», «Señora Y Si», pierden fuerza y no me asustan tanto.

—Exacto. Lo más importante es que consigas identificarlos para bloquear la respuesta.

—¿Y si no soy capaz de darles largas? ¿Y si me meto de lleno en la... rumiación?

Otra vez la angustia en los ojos de María, a quien se le ha vuelto a colar la «Señora Y Si» en el discurso.

—Tranquila. **Si ves que no puedes bloquear las respuestas, coge bolígrafo y papel y escribes toda la rumiación, toda la comedura de coco.**

—¿Y si no tengo nada para apuntar?

Ahora ya no puedo sino evidenciar el mecanismo del que todavía es tan inconsciente María.

—Y si, y si... Ya está aquí la «Señora Y Si».

—Anda, es verdad.
—Detéctalo e intenta bloquear la respuesta. Si no lo consigues, escribe toda la rumiación. Lleva un cuaderno contigo. Si no tienes papel, utiliza la aplicación de notas de tu móvil, por ejemplo. Si es necesario, escribe en las servilletas de un bar. Siempre hay una solución.

Amigarse con la incertidumbre

María toma un poco de agua. Se pellizca nerviosa el lóbulo de la oreja. Por fin se decide a hacerme la pregunta que se ha impuesto en su cabeza.
—Júlia, sé que tienes muchos casos de éxito, pero ¿realmente crees que el mío será uno de ellos?
—Ya veremos. Me acabas de lanzar una pregunta trampa, porque no tenemos respuesta para ella, ya que esta se halla en el futuro. Ni tú ni yo controlamos ni predecimos cien por cien el futuro, así que la pregunta que me has lanzado es trampa. Si te contesto en sentido afirmativo, se iniciará tu comecocos, tu dinámica de duda-respuesta, tu bucle. Por eso, te respondo con incertidumbre; sé que te fastidia este «ya veremos», pero es lo que hay. Lo cierto es que no tenemos certeza de tantas cosas en la vida... Así que ya veremos.

La trampa de la preocupación

—Es que siempre estoy preocupada y no me quito de la cabeza si lo lograré o no.
Le pregunto si ha analizado alguna vez la palabra «preocupación». Ante su negativa le cuento que esta se construye con un prefijo por una razón: **«pre-»** le da el significado de **«antes de ocuparnos»**. Así que en su caso las preocupaciones solo vienen antes de ocuparse y actuar hacia algo.
Las personas suelen no parar de comerse el coco porque rumian:

1. **POST-OCUPACIÓN:** aparece respecto a algo que ya ha pasado, pero la persona está insegura por alguna razón y no para de pensar en lo que ha vivido. Por ejemplo: cuando después de hacer un examen no deja de repasar sus respuestas; cuando después de una conferencia piensa en si realmente ha gustado o no y si ha podido decir algo incorrecto que luego tenga consecuencias; salir de noche y beber demasiado y a la mañana siguiente no parar de pensar en si uno hizo algo malo o de lo que deba avergonzarse, etcétera.
2. **PRE-OCUPACIÓN:** surge antes de que los individuos hagan una cosa que no pueden controlar del todo en un futuro lejano o inmediato. Por ejemplo: preocupación por viajar en avión, subirse a un ascensor, conducir, atreverse a hacer algo, tener una enfermedad, ser objeto de una infidelidad, torturarnos por lo que pueda pensar otra persona de nosotros, etcétera.

En términos generales los problemas que genera pensar demasiado se sitúan en el pasado o en el futuro, robándonos toda nuestra atención y anclándonos en dos espacios de tiempo que nos impiden vivir el presente. En otras palabras, **al intentar controlar lo que hemos vivido o lo que vamos a vivir nos descontrolamos o nos bloqueamos en el ahora, en nuestro presente. Y así sufrimos, pero no vivimos.**

—Es verdad, cuando consigo hacer mis cosas a mi ritmo y estar distraída parece que se van...

—Muy bien, María, si logras llevar a cabo acciones masivas hacia donde tú quieres, dejando de lado esos pensamientos, y actuando a sus espaldas, los frenarás y eliminarás.

—Tienes razón, a veces cargo con ellos todo el tiempo e ¡incluso me duele la espalda literalmente!

Es habitual que los problemas psicológicos se reflejen en el cuerpo porque este y la mente están interrelacionados. Forman parte de un todo. En mi experiencia clínica es común corroborar que las personas que sufren de trastornos de ansiedad por respuesta a no saber gestionar sus pensamientos tienen contracturas y tensiones musculares, principalmente en las cervicales. También es habitual padecer migrañas. Mejorar psicológicamente resulta clave para que el trabajo de fisioterapeutas y osteópatas tenga por fin el resultado esperado. Y para curar los efectos que la ansiedad deja en el cuerpo la persona necesitará tanto del apoyo y las herramientas psicológicas como de las manos y las movilizaciones del fisioterapeuta.

Hacer y ocuparnos de actuar a espaldas de los pensamientos intrusivos es fundamental. Sigamos con la palabra «pre-ocupación»; esta nos hace ver que en el fondo nuestro problema no lo tenemos en el ahora, es decir, en el presente, sino en el futuro. Cuando intentamos controlarlo en exceso somos incapaces y nos genera ansiedad. El futuro hay que dejarlo tranquilo, ya se irá desvelando... ¡Si no, mal augurio!

Si nos dejamos llevar por el miedo, intentando controlar de forma excesiva qué va a ocurrir, empeñándonos en tener certezas en el presente de cómo nos irá, la mente se descontrola y encima nos muestra cosas angustiosas y catastróficas... Nuestros intentos de excedernos en el control del futuro nos hacen rumiar pensamientos incómodos y tabús.

—La mente, aunque ahora no lo veas, no está para fastidiarte, sino para protegerte, fortalecerte y enseñarte cómo vivir la vida...

—Ya, pero tengo tanto miedo...

—Montaigne decía que el miedo es mucho más doloroso que el mal que tenemos... Si vives dentro del miedo, no vives.

—Yo quiero vivir, no quiero tener este sucedáneo de vida. ¿Por qué soy así?

—Esa pregunta no te lleva a nada, solo te hace daño. Debes darte cuenta de que esto es un vicio. Ahora mismo sí puedes hacerte responsable de eso. Y cuando venga la «Señora Y Si, Por Qué, Para Qué» aplica esta psicosolución: identifica y deja pasar las preguntas, imágenes y pensamientos trampa y ánclate en las acciones del presente.

NOTAS DEL CUADERNO DE MARÍA:

- He de aceptar que tengo dos lobos en el coco. Indicación clara: dejar de darles de comer.
- Mi lobo pide alimento a través de preguntas trampa y yo se lo doy con las respuestas, dudas e imágenes que elaboro a partir de esas preguntas que me obsesionan.
- Para no darle de comer debo estar atenta e identificar el disfraz de mi pregunta trampa.
- Hay tres disfraces: «Sr./Sra. Y Si», «Sr./Sra. Por Qué» y «Sr./Sra. Para Qué». (Júlia me ha hecho darme cuenta de que a mí me sale casi en automático «Sr./Sra. Y Si»).
- Cuando identifique una pregunta trampa, una «Señora Y Si», tengo que bloquear la respuesta.
- Una manera de hacerlo es dar largas, decirme que ya lo contestaré más tarde y que ahora tengo otras cosas que hacer.
- Si no puedo bloquear ni posponer, he de escribir todo lo que me venga a la cabeza (la rumiación).
- Cada vez que me engancho a una pregunta cuya respuesta está en el futuro o exijo a los demás que me la den me pongo una trampa y desencadeno el proceso de comerme el coco.
- «Pre-ocupación»: mis preocupaciones solo me vienen antes de ocuparme y tomar acción hacia algo. Debo hacer más a espaldas de mis pensamientos. Dejar de lado todo lo que pienso.
- Debo aprender que mi problema se sitúa en el futuro, uno que temo y que quiero controlar para no tener miedo, pero es entonces cuando se construye mi problema. El miedo es natural y debe estar, tiene su función, y tengo que aprender a reunir el coraje de sentirlo y dejar de intentar controlarlo todo para no tener miedo, porque ese exceso de control me sobrepasa.
- Pensar las cosas es correcto y me ha ayudado a resolver problemas, pero cuando pienso demasiado me hago daño.

Segunda psicosolución

Si no puedes dejar pasar el pensamiento trampa, utiliza la paradoja de acelerarlo para así ralentizarlo.

Frase-antídoto:
«Si pienso en no pensar, ya estoy pensando».

Como las trampas chinas, los pensamientos obsesivos te envuelven más firmemente cuanto más luchas por escapar. Sin embargo, si te sumerges con valentía en el núcleo del miedo, la trampa misma te expulsará dejándote libre.

J. Pascual

Una vida marcada por el temor a causar daño a otros se caracteriza por lo que conocemos como fobias de impulsión. Estos pensamientos intrusivos, que son parte integral de los trastornos de ansiedad, generan un profundo terror y angustia. Sin un tratamiento adecuado y prolongado, pueden desembocar en depresión. María experimenta una fobia de impulsión, manifestada a través de un conjunto de pensamientos, imágenes o dudas que emergen del miedo a perder el control y a actuar impulsivamente, dañándose a sí misma o a sus seres queridos. No es infrecuente que las mujeres recién paridas y en puerperio, que puede prolongarse a los primeros años de la vida de los niños, sufran de bucles obsesivos, rumiaciones y pensamientos intrusivos.

Estos torbellinos mentales son incontrolables y comprometen de forma significativa diversas áreas de la vida del paciente —emocional, familiar, laboral y social—. Aunque la Asociación

Estadounidense de Psicología (APA, por sus siglas en inglés) indica que quienes sufren de este patrón de pensamiento pueden estar experimentando un trastorno obsesivo-compulsivo, el diagnóstico puede ser engañoso. En estos casos no se observan compulsiones o rituales físicos, como el verificar repetidamente las puertas o las luces. Más bien se manifiestan inclinaciones mentales, tales como repetir afirmaciones positivas o frases específicas en un intento fallido por calmar y controlar esos pensamientos o imágenes obsesivas que persisten y se repiten sin cesar.

Es esencial que el tratamiento de estos pacientes incluya supervisar y adaptar continuamente las técnicas utilizadas, evolucionando hasta el punto de parecer que se prescinde de ellas. Esto se debe a que los pacientes aprenden lo que denominamos la «llave de oro», un concepto que se revelará al final del libro. De no hacerlo así, existe el riesgo de que comiencen a ritualizar mentalmente cada instrucción en su búsqueda de seguridad y soluciones rápidas, lo cual sería contraproducente y convertiría a los terapeutas en inadvertidos rehenes del problema. En la última fase de la terapia, optamos por liberar a los pacientes de herramientas aparentes, permitiéndoles internalizar una técnica definitiva que, por su naturaleza, no puede ser ritualizada y que se desvelará en el capítulo final.

Atreverse con el tabú

María se sienta delante de mí. Saca un montoncito de papeles doblados de su bolso y me los muestra a modo de prueba.

—He estado practicando el ejercicio que me recomendaste de detectar las preguntas trampa y bloquear la cascada de respuestas. Si te soy sincera, se me han colado unas cuantas, y muchas veces, como me era imposible detener el coco y me lanzaba a responder, he tenido que sentarme y escribir el bucle de pensamientos.

—Muy bien, eso es, si no puedes bloquearlos, escríbelos.

—El caso es que... Verás, hay algunos temas que no me he atrevido a escribir, y no podía detener la cascada de pensamientos.

—¿Y por qué no podías escribirlos?
—Pues... porque me dan tanto miedo que pienso que si lo hago quizá se hagan realidad.
—Lo cierto es que es todo lo contrario: **cuando lo verbalizas, cuando lo escribes, comienzan a perder fuerza.**

Le pregunto si quiere compartir esos temas que no se ha atrevido a escribir y, aunque sí le gustaría, me confiesa tener miedo a que le diagnostique un trastorno severo y quiera encerrarla en un psiquiátrico. La aterroriza pensar en cómo puedo reaccionar a lo que me cuente, imagina que llamaré a la policía por considerarla alguien peligroso capaz de hacer daño a los que más quiere. Jamás ha compartido con nadie ese pensamiento que la está devorando por dentro. Le da pánico decirlo. No, no va a poder hablar de ello.

El sufrimiento de María se refleja en la angustia de su cara, en cómo retuerce las manos. Sé que expresar esta ansiedad en vez de contenerla ya resulta liberador para ella. Confío en lo que está pasando, y abro los brazos para que sepa que estoy receptiva y a su disposición.

—Estoy aquí para ayudarte, no para juzgarte.

María bebe un poco de agua y se decide. Intuyo que va a hacerme confidente de un pensamiento tabú.

—Verás, cuando nació mi hija, fui la mujer más feliz y, a la vez, la más desgraciada. Todo parecía ir bien, pero cuando tuve que bañarla por primera vez, me llevé un pequeño susto. Se me escurrió un poco, ella no paraba de bracear y patalear y yo me puse nerviosa y se me resbaló. No pasó nada, pero se me apareció una imagen terrible: ¿y si dejaba que se hundiese en el agua y se ahogara?

—¿Lo hiciste?

—¡Por supuesto que no! Pero... desde ese momento, cada vez que tomaba a la niña para bañarla, yo empezaba a sudar y me venía esta imagen, este pensamiento: «Ahora se me escurrirá y se ahogará». Le cogí tanto miedo al momento del baño que empecé a delegarlo en mi marido. Lo convencí de que ese sería su momento de intimidad con su hija. El caso es que cuando mi marido se va de viaje, tengo que llamar a mi suegra o a una amiga para que bañen a la niña. Yo es escuchar el agua y ya me veo toda la película.

—Qué quieres que te diga, María. Te felicito.

—¿A mí? ¿Por qué?

—Porque te has atrevido a contarlo y al hacerlo estás afrontando el miedo, tanto el miedo que contiene esa imagen como el miedo a ser juzgada y rechazada.

—¿Podrás ayudarme con esto?

—Sí, podré ayudarte. Este sufrimiento que cargas fortalece a tu lobo. Estoy segura de que, al delegar en otros la acción que vinculas al miedo, ese lobo ha crecido y ha buscado más territorio psíquico donde imponerse. Ya que has sido tan valiente de contarme esto, ¿puedo hacerte preguntas que me ayuden a determinar si el lobo está condicionando otros aspectos de tu vida y cuál es la herramienta justa para eliminar este problema?

—Te agradezco tu delicadeza. Espero saber contestarte.

María se sienta al filo de la silla, dispuesta a llevar a cabo un ejercicio de sinceridad.

—¿Tienes otros miedos con respecto a tu hija, aparte de ahogarla mientras la bañas?

María baja la mirada. Hay un silencio.

—¿Quieres contármelos o prefieres que yo, paulatinamente, te vaya haciendo preguntas?

—Es mejor que lo afronte. No creo que haya una manera de decirlo que no suene espantosa. También tengo miedo de hacerle daño en otras situaciones... Me volvió a pasar lo mismo. Tenía a la bebé en brazos en la cocina, y con la mano que me quedaba libre estaba cortando un trozo de queso cuando pensé «¿Y si le clavo el cuchillo?». Desde entonces no puedo comer ni cocinar cuando la cojo, ni tampoco puedo cocinar si ella está en la cocina.

—Entonces ¿también tienes miedo de poder hacerle daño clavándole objetos punzantes como cuchillos?

—Exacto, cuando estoy cerca de un cuchillo o de unas tijeras, me viene de golpe la imagen y el impulso de clavárselo.

María se tapa los ojos horrorizada. El pensamiento de que exista la posibilidad de clavarle un cuchillo a su bebé no ha sido provocado por nada, no hay un accidente o un suceso que lo justifique, simplemente ha aparecido de manera espontánea. Algunas terapias se enfocan en querer entender la causa de por qué esa imagen aparece. Para las personas obsesivas, esa indagación no hace sino multiplicar su obsesión.

Valoro que haya sido capaz de comunicarme sus pensamientos tabús. Las personas que se comen el coco no necesariamente llegan a tener pensamientos de este estilo, con mayor frecuencia están atrapadas en bucles negativos que, siendo también muy molestos y generando un alto costo de funcionalidad en la vida diaria, no tienen la carga de sufrimiento del pensamiento tabú. Este último provoca una vergüenza máxima, además de temor a las consecuencias del juicio social.

María no sabe que a muchas otras madres se les han pasado por la cabeza de forma fugaz imágenes semejantes. La diferencia es que ellas las han ignorado, han dejado pasar la imagen sin darle importancia. Pero María le ha otorgado un poder desmesurado. Es una imagen que ahora se ha vuelto central y que asocia a varias actividades que implican una disfuncionalidad en la relación con su hija.

Las fobias más frecuentes

María vive obsesionada con algo que no ha pasado, que no está en el presente y que no quiere hacer por nada de este mundo. Y, sin embargo, esa imagen condiciona y coarta su presente, la relación que mantiene con su hija y la visión que posee sobre sí misma. Vive un sinvivir de no parar de pensar si sería capaz o no de hacer daño a su hija o a ella misma, pero debe darse cuenta de que **no existe respuesta acertada para una pregunta incorrecta.**

Las fobias de impulsión más habituales son las siguientes:

1. **Miedo a hacer daño a los demás.** Generalmente, a los seres queridos, como la pareja, familiares o amigos. El temor

se vincula sobre todo con el uso de cuchillos u otros instrumentos cortantes o punzantes.
2. **Miedo a hacerse daño a uno mismo.** Los pacientes que sufren de este tipo de fobia de impulsión se imaginan a sí mismos suicidándose. Principalmente haciendo uso de una cuerda o de algo similar para colgarse o bien tirándose por el balcón, aunque también pueden idear otros escenarios.
3. **Miedo a haber atropellado a alguien durante la conducción.** Ya sea un animal o a un ser humano. Esto provoca tal ansiedad que, para aliviarla, los pacientes suelen repasar mentalmente el recorrido que han hecho con el vehículo. Incluso a veces vuelven por donde han estado conduciendo.
4. **Miedo a padecer una enfermedad mental grave o a «volverse loco».** Estos pacientes suelen dudar constantemente de si están cuerdos, si sienten o piensan lo que deben. Controlan en exceso que todo lo que perciben sea normal y esté bajo su control. Padecen síntomas fastidiosos corporales que no dominan producto de la ansiedad, como, por ejemplo, visión borrosa y de túnel, temblores en diferentes partes del cuerpo o que la mente les haga pensar, por ejemplo, en cosas excéntricas como teorías de la conspiración o les muestre escenarios catastróficos y terroríficos.

En estos casos, **los pensamientos negativos se sitúan en un futuro hipotético.** Los más comunes están relacionados con:

- la muerte
- las enfermedades
- las catástrofes y los accidentes
- las fobias

También son frecuentes los vinculados a:

- la propia identidad
- el anhelo de perfección
- la valía

- el propósito vital
- los juicios y las comparaciones
- la autorreferencialidad
- el amor y el desamor

Miedo a perder el control

—María, quiero hacerte otra pregunta. ¿Puede ser que, a partir de que empezases a tener estas imágenes de falta de control con respecto a tu hija, comenzaras a tenerlas también con respecto a ti? ¿Puede ser que alguna vez te hayas visualizado autolesionándote o tirándote al vacío?

—Sí, así es. Por eso me da tanto miedo que pienses que estoy loca. Cuando tengo que coger el metro me pego a la pared antes de que entre el convoy porque una vez pensé: «¿Y si ahora salto a la vía?», pero si estoy pensando esto, ¿es que lo voy a hacer?, ¿sería capaz de dejar a mi hija huérfana?, ¿significa que no quiero a mi hija y a mi marido? En realidad ¿quiero tirarme a las vías?, ¿tengo una depresión? Bueno, se disparó toda la espiral de preguntas.

También es normal que el miedo a perder el control respecto a los otros se desplace hacia el propio sujeto. Entonces se comienza a fantasear con las autolesiones. Son muy comunes las prevenciones contra las alturas, el miedo a suicidarse tirándose por la ventana, el vértigo ante las vías del tren, y el pánico a provocar un accidente con el coche, etcétera.

Otros miedos tienen que ver con perder el control en público y hacer cosas vergonzosas como decir palabrotas u obscenidades, chillar, repetir frases o cantar una canción que resulta imposible sacarse de la cabeza.

La sexualidad es un tema que genera muchos miedos de pérdida de control. Es recurrente el miedo a que los gustos o la orientación sexual cambien hacia una dirección que la persona, en realidad, ni quiere ni siente. Por ejemplo: alguien heterosexual puede pensar que se ha convertido en homosexual o viceversa. Un individuo puede pensar que se ha convertido en transexual al fijarse en un determinado tipo de ropa. Otro tiene miedo a ser pedófilo porque cuando ve a un niño siente el impulso de perder el control, etcétera.

Para algunos el miedo radica en que te guste otra persona, aunque tengas pareja, y en no poder parar de tener fantasías sexuales con otros.

Dentro del pensamiento tabú, por supuesto, está el miedo a hacer gestos sexuales o a tener impulsos sexuales con miembros de la familia o amigos sin que se quiera.

Cuando pienso en no pensar, ya estoy pensando

—María, ¿cuándo te vienen estas imágenes? Porque son imágenes, ¿verdad?

—Sí, sí, es una imagen. La imagen me da un impulso que siento en el cuerpo. Noto que voy a perder el control. Luego entro en la duda de cómo puedo estar pensando esto, y qué pasaría si lo hago, y si realmente quiero hacerlo, y el por qué, por qué estoy pensando todo esto, y si no debería haber tenido a mi hija, y si la odio...

—María, vamos despacio. Según lo que acabas de contarme, cuando te viene esa imagen que te provoca tanta inseguridad y angustia, ¿qué crees que estás haciendo? ¿Eres capaz de detectarla como lobo? ¿Eres capaz de posponer las preguntas que te genera? O, en cambio, ¿estás intentando resolver la imagen atendiendo a las preguntas que te produce?

—Me pongo a pensar sin parar.

—¿Luchas contra la duda y la imagen?

—Lucho, lucho para no tenerla, para quitármela de la cabeza.

—Intentas no pensar, pero ¿crees que funciona luchar contra esa imagen?

—Es evidente que no, porque cada vez estoy peor.

—Debes saber que es normal que trates de solucionar tu problema intentando no pensar en esas imágenes. Sin embargo, al hacerlo, piensas aún más. **Cuanto más nos esforzamos en no pensar una cosa, la mente la fija con más fuerza.** Te voy a poner un ejemplo: quiero que ahora te concentres en todo lo que te voy a pedir. Quiero que voluntariamente intentes no pensar en un elefante. Intenta no pensar en un elefante blanco. No pienses, ni se te ocurra pensar en un elefante blanco, ni en la cola del elefante, y no pienses para nada que al final de su cola hay pelo. ¿Lo has conseguido?

María se ríe.

—Por supuesto que no lo he conseguido, cada vez me lo imaginaba más y más grande.

—Con este ejemplo, quiero que constates que tu solución de intentar no pensar genera más pensamiento. Si piensas en no pensar, ya estás pensando. Y es entonces que esas imágenes de ti perdiendo el control se fijan más en tu mente. Si sigues así, en vez de resolver el problema, cada vez se hará más grande. Por lo tanto, ¿crees que debo animarte a intentar no pensar o bien debo recomendarte hacer algo totalmente diferente?

—Algo totalmente diferente. Recuerdo que leí en tu web una cita de Einstein que me inspiró mucho para venir a tu consulta: «Si haces siempre lo mismo, obtendrás los mismos resultados».

—Eres brillante, María. Espero que seas capaz de seguirme, porque si lo haces, saldrás de esta psicotrampa de la mente mucho antes de lo que imaginas.

María suspira esperanzada.

—¿Recuerdas que te dije que te mandaría hacer cosas raras? Hoy te daré la indicación más extraña que seguramente te daré jamás. Debes saber que yo nunca te prescribiré nada que pueda empeorarte. Recuerda que, si no pones en práctica esta prescripción, el problema no dejará de crecer, como tú misma has constatado.

»Desde hoy hasta que nos volvamos a ver, a cada hora en punto, empezando desde las nueve de la mañana hasta las nueve de la noche, quiero que convoques de manera deliberada esas imágenes que te provocan miedo a perder el control. Sí, me has oído bien: has de buscar deliberadamente las imágenes en las que te ves haciendo daño a los otros o a ti misma; quiero que las pienses de forma voluntaria durante cinco minutos. Es extremadamente importante que seas fiel al horario, siempre a la hora en punto y no más de cinco minutos. El resto de los cincuenta y cinco minutos debes seguir aplicando la regla de detectar los pensamientos trampa y dejarlos pasar bloqueando la respuesta. Cada vez que te acosen los señoritos y señoritas de tu mente, «Señora Y Si...», «Señora Para Qué» o «Señora Por qué», les dices que se esperen, «Te contestaré luego, lobito», «A en punto estoy contigo».

María acaba de recibir una psicoestrategia basada en la lógica no ordinaria de la paradoja. Gracias a ella, en lugar de luchar contra los pensamientos y emociones disruptivos, va a aprender a vencerlos sin combatirlos. Este aprendizaje la ayudará a entender que los pensamientos negativos son parte de la configuración de nuestra experiencia humana. Al darles un tiempo concreto se permite abrazar ese malestar para que «transcurra» y se vaya. Esto es el objetivo final de una psicoterapia para este tipo de problemática, ya que la persona no es capaz de conseguirlo al inicio.

María va a formular una pregunta, pero justo antes de hacerlo se autocorrige, se queda unos segundos pensando y consigue reflejar su angustia de otra manera.

—Hace un momento iba a decirte «¿y si, aunque le diga a la «SeñoraY Si» que se espere, ya estoy dentro del proceso, y le contesto? Ya ves, tengo tal inercia al «¿y si...?» que enseguida caigo en su trampa. Pero esa es mi duda, que a pesar de saber y entender que contestar no solo no sirve para nada, sino que es perjudicial porque aumenta el problema, no pueda dejar de caer en la trampa.

—Si eso pasa, toma una hoja y un bolígrafo y escribe la pregunta y todas las respuestas que se te vengan a la cabeza. Escribe tu bucle. De esta manera confrontarás que ninguna de esas respuestas puede sacarte de la incertidumbre porque, recuerda, nadie controla el futuro, nadie puede asegurarte que no vas a tener un accidente. Yo no voy a decirte que no hay un mal que habita dentro de nosotros, porque sería mentirte. Se trata de que aprendas a aguantar esa incertidumbre, de que la domines antes de que te devore.

NOTAS DEL CUADERNO DE MARÍA:

- Cada vez que me enredo en rumiar y pensar en bucle le estoy dando más fuerza al lobo. Esto hace que crezca y que se adueñe de partes de mi vida y afecte a mis relaciones con los demás. ¿Hasta dónde voy a seguir perdiendo territorio?

- Tengo que dejar de querer dejar de pensar, porque eso es pensar lo que no quiero dos veces. Así caigo en la trampa de darle de comer al lobo.
- Aunque me dan miedo mis pensamientos tabús y negativos he de entender que forman parte de mi naturaleza humana. No soy un monstruo. En realidad, no he hecho nada.
- La mejor manera de superar la angustia que me provocan los pensamientos negativos es salir a su encuentro, convocarlos y determinar durante cuánto tiempo los voy a tener. De esta manera recupero el control, no me dejo avasallar siempre que quieren.
- Darles cinco minutos cada hora es una especie de dieta. ¡La dieta intermitente para los pensamientos! Hacerlos esperar, prometiéndoles que les daré un lugar sin resistirme.
- Durante esos cinco minutos los escucho, pero no les contesto, no me zambullo en la espiral de contestar sus requerimientos. No intento solucionar nada. Si no puedo hacerlo, si entro en la dinámica de la rumiación, escribo todo el bucle.

- Puedo recuperar el control sobre mi mente. Lo que no puedo tener es el control sobre la vida, sobre el futuro. El futuro está en el futuro, y encontrar la paz es aceptar la incertidumbre que eso supone.
- Aunque ahora experimento imágenes e impulsos que me horrorizan, yo no soy esas imágenes ni esos impulsos, solo forman parte de mí en este momento. No sé si dentro de un tiempo seguirán apareciendo, el futuro está en el futuro. Mi problema no está en el presente, sino en el futuro cuando me respondo a los «y si...». Ahora puedo trabajar en mi presente y salir al encuentro de esos pensamientos. Sí, eso es lo que voy a hacer.

Han pasado unos días y María vuelve a estar sentada en mi consulta.

—Hola, María, ¿cómo han ido estos días?

María suspira contrariada.

—No he podido hacer el ejercicio, lo siento.

—¿Qué quieres decir? ¿Que no has hecho el ejercicio de pensar deliberadamente cinco minutos cada hora o bien que lo has intentado hacer, pero no te ha salido como imaginabas?

—Eso, eso, lo segundo. No he hecho el ejercicio porque no he conseguido pensar durante cinco minutos todo lo malo, ¡y mira que me he esforzado! Ha sido algo muy extraño. Creo que me debes explicar mejor cómo hacerlo, porque no acabo de entenderlo.

—Vamos despacio, María. Tú, cada hora en punto, durante cinco minutos, has buscado las imágenes y los pensamientos atroces que normalmente te asaltan y te hacen sentir muy mal. ¿Correcto?

—Sí.

—¿Alguna de las veces que has hecho el ejercicio has podido mantener esos pensamientos y ese malestar o desde la primera vez te ha sido imposible conservarlos durante cinco minutos?

—Bueno, los tres primeros días sí que lograba pensar y me ponía algo mal, pero no llegaba a cinco minutos, ni siquiera los primeros días, porque creo que mi mente rechaza estos pensamientos. Pero ¡yo lo intentaba! El caso es que no he logrado hacer el ejercicio.

—Te tengo que desvelar un misterio, y es que sí que te ha funcionado muchísimo el ejercicio, porque lo que te ha sucedido era lo que quería que te pasara: has dejado de pensar.

—¡Pero, Júlia! Y yo que creía que, una vez más, había fracasado...

—Tú me habías pedido liberarte de estas imágenes y pensamientos, pues esta es la manera de conseguirlo. Ya has comprendido que intentar no pensar o restringir tu vida en función de todo lo que conectas a esas imágenes para prevenir futuros males solo multiplica el problema. Estos días, en cambio, has experimentado que la resolución está en salir al encuentro de esos miedos, mirándolos a la cara para que se desvanezcan. Es la estratagema de apagar el fuego echando más leña. Al dedicar un tiempo controlado a pensar en tus fobias, la mente se ha saturado y naturalmente rechaza el mecanismo. Esta prescripción que te he dado tiene un efecto paradójico: cuando buscas de forma deliberada el pensamiento, este acaba retrayéndose.

—Júlia, es curioso, porque yo venía compungida porque pensaba que no había seguido bien tus indicaciones, pero, al mismo tiempo, también aliviada porque, claro, no tener que aguantar la tensión que me producen esas imágenes es un descanso. De hecho, si te soy sincera, me he descubierto haciendo gestos que antes me tenía prohibidos. Hace tres días me acerqué a la ventana para leer mejor el informe en que estaba trabajando y me sentí tan relajada que decidí volver a poner el escritorio pegado a esta. Mis ojos me lo están agradeciendo. Pero lo que más ilusión me ha hecho es que mi hija ayer entró gateando en la cocina mientras yo cortaba melón, y no me puse nerviosa. Dejé que estuviera cerca de mí sin sentir la urgencia de gritarle a mi marido para que se la llevara.

—¡Qué bien, María! Ya has comenzado a recuperar territorio. Vamos a ir poco a poco para avanzar rápido. ¿Ves? Una nueva paradoja.

—Me está gustando esto de las paradojas.

—Ahora espaciaremos la dosis. Desde hoy hasta que nos volvamos a ver, cada dos horas, desde las nueve de la mañana hasta las nueve de la noche, durante cinco minutos sigue buscando todas esas imágenes que no querrías tener, pero que invaden tu pensamiento. Es más, durante ese tiempo, aumenta la intensidad de estos pensamientos e imágenes en los que haces daño a tu hija y a ti misma, imagina cómo pierdes el control de todas las formas posibles que te atormentan. Visualiza con todo lujo de detalles la sangre, todas esas muertes y ese caos.

—Caray, ¡qué macabro! Pero ¿sabes?, cuando salí de aquí el otro día me quedé muy impresionada por tu prescripción. Me daba miedo seguirla porque mi razón me dice que, si lo pienso demasiado, puedo acabar realizándolo. Sin embargo, al darme cuenta de que confiabas en mí y que no creías que fuera una mala persona o una esquizofrénica o una psicópata, me relajé muchísimo y encontré la fuerza para hacer el ejercicio. Pensé que, si me habías dado semejante práctica, era porque no pensabas que fuera capaz de perder el control, ¿verdad?

—¿Quieres que te conteste a la pregunta de si creo que eres capaz de perder el control y haceros daño a tu hija y a ti? Sabes que es una pregunta trampa porque está localizada en el futuro... ¿Recuerdas qué te conté al respecto?

—Como me da miedo el futuro lo quiero controlar, pero justo este exceso de control me hace perderlo.

—Exacto, el futuro es incierto y, si lo intentas controlar, pierdes el control del presente y se te escapa disfrutar de él. El futuro es incierto y la única certeza que puedes tener es que no hay certezas.

El acompañar a una persona a transitar su miedo a perder el control, **el hecho de prescribirle que piense de forma voluntaria en lo que le da miedo que ocurra, le transmite que estamos seguros de que, por mucho que lo piense y lo sienta, no va a pasar.** Esto también desbloquea la dinámica patológica.

—María, hay una máxima que puede darte luz siempre que la necesites: **no somos lo que pensamos, sino lo que hacemos con lo que pensamos.** Concéntrate en hacer muy bien estos ejercicios para tener a dieta al lobo y dejarás de comerte el coco.

La técnica prescrita a María se llama **«la tortura de los pensamientos negativos»**. El efecto de esta prescripción es como la trampa china del atrapadedos. Si has visto las películas de la familia Addams, la reconocerás como el juguete favorito que le dan a los invitados. Cuando este mete los dedos en el cilindro, siente un tope que los sujeta, se asusta e intenta sacarlos a toda prisa, provocando el efecto contrario, que el sistema se bloquee más y los apriete con mayor intensidad. La única forma de salir es empujar hacia dentro con los dedos, lo que desbloquea el sistema de la trampa china. Esta misma paradoja se aplica a la mente, aunque en un inicio pensemos que vamos a empeorar si vamos a buscar los pensamientos, sucede justo lo contrario. Cada vez que nos adentramos en ellos estamos desbloqueando el mecanismo que nos atrapa, hasta que, en el momento menos pensado, podemos salir.

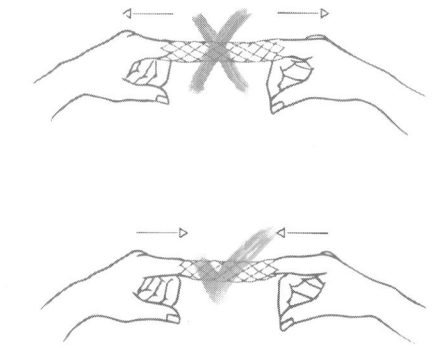

Imagen del mecanismo del atrapadedos

NOTAS DEL CUADERNO DE MARÍA:

- Intentar no pensar lo que no quiero pensar es pensarlo aún más.
- La estrategia de la paradoja tiene como efecto que, cuanto más busco de manera deliberada el pensamiento o la imagen negativa, más se satura la mente y cambia de pensamiento.
- Cuanto más coraje tengo en acelerar estos pensamientos e imágenes tabús, más se desaceleran.
- El truco es aumentar estos pensamientos e imágenes que me torturan, porque así por fin disminuyen.
- Si huyo, quedo atrapada. Si busco la imagen y me adentro, desbloqueo la trampa.

Tercera psicosolución

Somos lo que hacemos con lo que pensamos y sentimos.

Frase-antídoto:
«No soy lo que pienso ni lo que siento».

La realidad no es lo que te sucede, sino lo que haces con lo que te sucede.

A. Huxley

Pensamientos tabús e intrusivos en la maternidad y en la vida: entre realidades y expectativas

Ser madre puede resultar una experiencia tan maravillosa como confusa. En el caso de María, como también les pasa a muchas otras mujeres, la maternidad desencadenó un torrente de emociones y pensamientos que no esperaba. A menudo, la sociedad espera que las madres se sientan completamente felices y enamoradas de sus bebés desde el primer momento. Pero la realidad es que no siempre es así, y eso forma parte de lo posible, incluso de lo natural.

Muchas madres experimentan pensamientos intrusivos: preocupaciones repentinas por la seguridad del niño o miedos irracionales que pueden parecer extremos. Esto no significa que no amen a sus hijos o que sean malas madres, más bien refleja la complejidad de las respuestas emocionales humanas.

Hablar de estos pensamientos puede ser difícil. Muchas madres guardan silencio por miedo a que las juzguen o etiqueten como incompetentes o desequilibradas. Por eso es importante hacerles saber que no están solas en esto, reconocer que esos pensamientos intrusivos son una parte normal de la experiencia de muchas mujeres en la maternidad puede ser un gran alivio. Ya es hora de desestigmatizar esta realidad que es más frecuente de lo que imaginamos y, al empezar el libro con este caso, aporto mi granito de arena para conseguirlo.

La maternidad a menudo está envuelta en un halo de mitos y expectativas románticas que distan mucho de las realidades y los desafíos diarios que enfrentan muchas mujeres. ¡Dejemos de idealizar y enfrentemos los verdaderos retos! Basta de clichés como «Haz siempre lo que sientes o te traicionarás a ti misma». ¿Acaso alguien siente entusiasmo diario por ir a trabajar?

No deberíamos otorgar excesiva validez a nuestros pensamientos y emociones, pues por naturaleza son cambiantes. **Lo que realmente define a una persona son sus acciones, no meramente lo que siente o piensa, sino cómo gestiona esas emociones y esos pensamientos.** Frases como «Seguro que cuando veas al bebé será amor a primera vista» o «Si es el amor de tu vida, nunca te fijarás en nadie más» solo perpetúan expectativas irreales.

Este tipo de mentalidad nos presiona para que intentemos controlar demasiado nuestras emociones y pensamientos, lo cual es imposible y, a menudo, nos lleva al descontrol. La gente lucha contra sentimientos que considera inapropiados y vive en constante tensión, negándose a aceptar la inherente contradicción de la naturaleza humana.

Volviendo al tema de la maternidad, quiero dejar claro que esta falta de honestidad no beneficia a las mujeres; muy al contrario, perpetúa la idea de que una mujer que no siente solo cosas bonitas por su hijo es un monstruo; también representa un lastre la creencia de que una mujer no está completa si no es madre, y que el destino de aquellas que optan por no tener hijos es la amargura o la depresión. Sin embargo, hay cada vez más evidencia de que nuestra salud mental puede verse significativamente impactada por este cambio tan trascendental en nuestras vidas, uno lleno de contradicciones y de colores que, como la vida, hay que transitar como mejor podamos.

Cuando mujer se convierte en madre uno de los aspectos más impactantes es la pérdida de autonomía. Pasamos a ser los responsables principales del bebé, y si decidimos amamantar, sentimos la presión de que, si no lo hacemos, somos «malas madres». Además, al ser las únicas que podemos alimentar al bebé, nos sentimos aún más atadas y nos damos cuenta de todas las cosas que ya no podemos hacer. Nuestro cuerpo y nuestra imagen física también sufren un gran cambio; es raro encontrar a una mujer que, después de dar a luz, se mire al espejo y piense «Me siento fantástica y fuerte como para correr una maratón». Por el contrario, lo más común es sentirse pesada, dolorida y anhelar una recuperación que parece lejana.

Las expectativas irreales sobre la maternidad pueden causar mucho daño. Escuchamos frases como «Cuando veas su carita, sentirás un amor incomparable» o «Vas a conocer al verdadero amor de tu vida». Sin embargo, para muchas mujeres estos sentimientos no llegan de inmediato. Como veíamos, en su lugar pueden surgir pensamientos como «¿Y ahora qué hago con este bebé indefenso?», «¿Seré una buena madre?», «¿Qué pasará con mi pareja?», «¿Y si no soy capaz de manejar esto?», o incluso dudas sobre su capacidad para amar al bebé como se espera de ellas.

Algunas pueden enfrentarse a dudas y pensamientos oscuros, similares a los que mencionábamos con María: imágenes intrusivas y aterradoras como «Tápale la boca para que no respire», «Lánzalo por la ventana» o «Tírate por el balcón con él». Pueden experimentar el impulso de hacer daño al bebé o a sí mismas, con visiones sangrientas, de objetos punzantes, entre otros pensamientos perturbadores y formas de perder el control. Estas ideas no deben ser ignoradas ni juzgadas, sino abordadas con la comprensión y el apoyo adecuados.

La clave está en manejar estos pensamientos con compasión hacia una misma. Aprender a decir «Esto es solo un pensamiento, no una realidad» puede ayudar a poner las cosas en perspectiva. Pero, sobre todo, recomiendo a quien padezca la invasión de pensamientos negativos en una etapa tan vulnerable como es el puerperio y la crianza que busque apoyo y terapia psicológica. Si es tu caso, estar acompañada por un profesional te brindará confianza y las herramientas necesarias para navegar estos particulares desafíos emocionales. Como madre que soy abogo por que entre todas nos ayudemos para dejar de sobrevivir durante la maternidad; nos merecemos vivir en plenitud, integrando la nueva condición de madre en el mosaico de nuestra aventura vital.

¡Atención! Este problema no es exclusivo de las mujeres; los hombres también pueden sufrirlo en situaciones similares a las de María. He conocido a padres que han experimentado las mismas dificultades. Incluso recuerdo el caso de una abuela, de profesión costurera, quien cuidaba a su nieto todas las tardes. Llegó a la consulta sintiéndose profundamente culpable porque temía no poder ayudar más a su hija. Su mente la atormentaba con la idea de que podría clavarle una de sus agujas de costura al bebé, o que una de estas podría caer inadvertidamente en el biberón o que, sin darse cuenta, alguna quedara oculta en la ropa y se le clavara al crío. La mente puede jugarnos malas pasadas, inundándonos con dudas, pensamientos e imágenes que socavan nuestro equilibrio mental. Estos pensamientos intrusivos pueden aparecer en diferentes contextos y situaciones, y a veces nos sorprenden incluso cuando estamos más tranquilos o relajados.

La mente funciona como una radio

El cerebro de María, como el tuyo y el mío, también está programado para responder a este mundo de continuos desafíos. La experiencia de su reciente maternidad ha disparado en ella esa sensación exacerbada de alerta, y es que, como vemos en el mundo animal, especialmente en los mamíferos, es natural que la madre proteja a la cría. Pero algo ha cortocircuitado en María y, en vez de lidiar con peligros reales, su mente la bombardea con pensamientos intrusivos que dibujan hipótesis de otros que no son reales, pero que experimenta como una amenaza posible. Hemos comenzado a desactivar ese bombardeo a través de la práctica de las prescripciones y los resultados empiezan a notarse. María llega más animada a consulta. Me comenta que la prescripción de cada dos horas centrarse en pensamientos negativos durante cinco minutos le ha ido sorprendentemente bien. De hecho, añade, estos últimos días se ha olvidado de hacer la práctica porque las imágenes negativas se han reducido muchísimo durante el resto del día.

—Entonces ¿ya no te da miedo hacer el ejercicio?

—Es que estoy comprobando que al realizar esta práctica tan chocante está pasando justo lo contrario a lo que yo hubiera imaginado que pasaría. Quiero decir, yo siempre he intentado quitar de mi mente esas imágenes y pensamientos porque estaba convencida de que, si les daba cancha, acabarían por hacerse realidad.

—Creías que pensar mucho una cosa significa hacerla realidad, ¿verdad?

—Sí.

—¡Qué daño hacen algunas malinterpretaciones! Yo hace tiempo que pienso que cada mes me va a tocar la lotería y nada de nada.

María ríe y celebra la broma que pone en evidencia la falacia del poder del pensamiento. Ahondamos en el tema:

—María, date cuenta de que esa creencia sin fundamento científico alguno de que somos lo que pensamos y sentimos nos lleva al absurdo. Ahora dime, tras hacer la práctica, ¿has notado mejora en estos días?

Me confirma que en su casa notan en ella un cambio increíble. Los pensamientos negativos le asaltan con mucha menos frecuencia, y, cuando lo hacen, hace lo que le recomendé: «Después te pienso». Y funciona, los pensamientos paran y se esperan. Y cuando llega la hora de dedicarles cinco minutos, por extraño que parezca, ya no vienen. Incluso si intenta pensarlos, no aparecen. De hecho, se ha dado cuenta de que al hacer el ejercicio los pensamientos tormentosos se van, pero cuando no hace el ejercicio, siguen allí «como cuchicheando». Le digo que es algo parecido a un efecto radio, los oye como si escuchara una radio.

—Sí, sí, eso de la radio es muy bueno porque es realmente así...

Y es que es así como funciona la mente, como una radio que siempre está activa y de la que no controlamos demasiado lo que emite. Los pensamientos y las sensaciones que nos atrapan no dependen de nosotros, pero sí cómo sintonicemos y hagamos funcionar la radio.

—¡Quiero apagarla de una vez!

—¿En serio crees que eso es posible?

—No, creo que no. Pienso que ese es uno de los fallos que he cometido todo este tiempo y por eso no he mejorado: ir en contra de mi mente y percibirla como mi enemiga... Ese miedo a perder el control y a volverme loca ha podido siempre conmigo. ¡Maldita ansiedad! Pero estos días he podido no pensar en esas sensaciones fuera de las horas que me marcaste, ¿eh? Y me he sorprendido, porque soy más capaz de lo que imaginaba.

El sufrimiento no entiende de razones

María ha podido aplicar con éxito la técnica de aplazar el pensamiento a la hora acordada, pero el hecho de sentirse mejor ha hecho que baje la guardia y que en los últimos días no hiciera la prescripción cada dos horas porque apenas le venían pensamientos negativos. Aun así, me alegra saber que los pensamientos comienzan a bajar su frecuencia, pues lleva mucho tiempo con esos lobos que se presentan cuando quieren en su cabeza. Ahora está haciendo algo radicalmente distinto: es ella quien está yendo a por ellos para darles de comer. Les está demostrando que es quien los controla y los está domesticando. María se queda seria.

—Si te soy sincera, si lo pienso desde la lógica, todavía me asusta ese ir deliberadamente a por los lobos. La parte de mí que ha experimentado que impedirles el paso no sirve para nada todavía se pelea con la evidencia de que están ahí. No puedo explicarme por qué siguen ahí, al acecho, en mi cabeza. Una parte de mí sigue queriendo matar esos pensamientos, a esos lobos... Yo antes no pensaba esto, ¡quiero que desaparezcan!

—Siempre intentamos resolver los problemas psicológicos

con soluciones lógicas, pero estos no entienden la lógica de la razón, que es la única que acostumbramos aplicar. La psique es más compleja que el razonamiento lineal de causa y efecto. Sigue más bien una lógica no ordinaria, por ello las prescripciones que te estoy dando aplican la misma que las matemáticas. **El sufrimiento humano no entiende de razones.** Lo que está pasando gracias al ejercicio de ir a buscar a determinada hora y durante un tiempo determinado los pensamientos negativos es que dejas de mantener el pulso entre el lobo negro y el blanco. Esto relaja esa tensión continua de a ver quién gana y de esta forma hay espacio para la vida, para otros asuntos.

María da vueltas al anillo que lleva puesto en el anular y se toma unos minutos para hacer la pregunta que la atormenta.

—Es verdad que estoy mejorando, que empiezo a estar relajada, pero, Júlia, ¿quién me dice a mí que no soy alguien imprevisible? Ayúdame. ¿Tú realmente crees que soy capaz de hacer daño a mi hija?

—¿Tú qué piensas?

—No lo sé, por eso te lo pregunto. La verdad, no me fío de mí. He probado a seguir tus indicaciones y he tratado de hacer alguna de esas cosas que tanto miedo me da hacer, porque creo que voy a herir a mi niña. No veas la de precauciones que he tomado. Y, aunque quiero intentarlo, en el fondo estoy evitando la mayoría de las cosas, porque me produce pánico dejarme arrastrar por esos impulsos.

Entonces ¿qué podemos controlar?

María rompe a llorar. Cuando se calma un poco proseguimos e indago cuánto tiempo lleva con este problema. Me dice que desde hace unos tres años. Antes de acudir a mi consulta fue a otra psicóloga sin éxito. Hablaron de la familia, del pasado, pero no se atrevió a abordar el auténtico problema, pues tenía miedo de decirlo, de verbalizarlo, y la psicóloga no supo guiarla para que consiguiera expresarlo. María reitera su terror a verbalizar sus pensamientos, pues cree que estos pueden tomar fuerza y hacerse realidad.

—¡Se oyen tantas cosas en la tele! Esos casos de madres que matan a sus hijas y luego se quitan la vida, y todo el mundo dice que parecían personas normales. Júlia, ¿y si soy una de esas mujeres? Dime la verdad, por favor, necesito saberlo.

—Me estás diciendo que llevas tres años con el problema. ¿Durante estos tres años has lastimado a tu hija o a ti misma?

—No, no, no lo he hecho, pero el impulso, las imágenes y los pensamientos han sido tan reales.

—Sí, lo sé, pero ¿has lastimado o dañado a tu hija, a ti o a algún ser querido en estos tres años?

—No.

—Dilo bien alto.

María se aclara la garganta.

—¡No!

—Ya tienes la respuesta. Podemos pensar muchas cosas, porque **no controlamos los pensamientos que circulan por la autopista de nuestra mente.** No los controlamos y, a veces, generan mucho sufrimiento y mucha culpa sobre aquello que no ha ocurrido pero que la mente imagina que va a ocurrir o que ya ha sucedido. Pero hay algo que sí podemos controlar y es qué hacemos con nuestros pensamientos. Entiende esto bien, María: no podemos controlar ni nuestros pensamientos ni las sensaciones ni las emociones que la mente nos muestra porque no dependen de nosotros, es decir, aparecen de forma espontánea. Lo que sí podemos decidir es lo que vamos a hacer con ello. **Solamente tenemos control real para actuar, y lo que hagas es la única forma de modificar lo que piensas y sientes.** Además, estate atenta a lo que te voy a decir: ni los pensamientos ni las sensaciones ni las emociones determinan quiénes somos. Es nuestro afán de control y de búsqueda de seguridad el que establece la creencia de que es mejor definirnos con unos pensamientos y no con otros. Por eso nos presionamos para sentirnos de una forma alegres y felices, y no de otra, como sería miedosos y agresivos, por ejemplo. Ese control que nace del miedo, esa voluntad de manejar los pensamientos y las sensaciones, es la gran psicotrampa. Si cedemos, sucede lo contrario de lo que nos proponemos: cuanto más los intentas controlar, más se rebelan y te boicotean. Por eso te enseño a dejarlos en paz, a tratar de no ejercer control sobre tus pensamientos y sensaciones.

—A ver si lo he entendido bien: lo que nos define como personas no es lo que pensamos o lo que sentimos. ¿Tampoco lo que sentimos?

—Tampoco, puesto que las sensaciones dependen a su vez de los pensamientos y viceversa. ¿Tú puedes elegir con qué sensación te despiertas cada mañana? ¿Está bajo tu control? Raramente uno se levanta supercontento, la gran mayoría de los días uno se despierta cansado, y eso te hace pensar de una manera u otra, lo que, a su vez, condicionará tu acción. Es un triángulo que se retroalimenta.

—En realidad, ese tercer factor del triángulo es el que me aterra, que no pueda controlar la acción.

—Y, sin embargo, es en este tercer factor del triángulo donde encontramos la clave estratégica para modificar el circuito. Escúchame bien: lo único que puedes hacer es concentrarte en las acciones y las evitaciones que practicas durante el día.

—¿Con «evitaciones» te refieres a las cosas que evito hacer?

—En efecto. Recuerda: no somos lo que nos ocurre, sino lo que hacemos con lo que nos ocurre. No eres lo que tu mente te muestra o te hace sentir, sino lo que decides hacer o evitas hacer. Porque cuando decides no hacer una cosa, eso también te define. María, cuando evitas hacer algo por miedo, ¿te sientes mejor o peor?

—Peor.

—Luego ¿te sientes más o menos segura de ti misma?

—Cada vez me siento más incapaz y eso me hace pensar que soy una mala madre.

—Grábate en la mente este principio: somos lo que hacemos con lo que pensamos y sentimos, y no viceversa.

—Yo siempre me he definido por estos pensamientos tan horribles que me asaltan.

—Ese es el error, y por ello has caído en la psicotrampa de

querer salir de tu problema pensando y sintiéndote de forma diferente. Desde esa premisa no solo no saldrás, sino que aumentarás progresivamente la tensión y ganarán los lobos. Por ello ahora estás mejor, porque te prescribo acciones que están cambiando tu dinámica de pensar y de sentir. Es por ello que te pido que te concentres en lo que vamos a hacer para vivir mejor. Menos es más.

—¿A qué te refieres?

—Mira este gráfico:

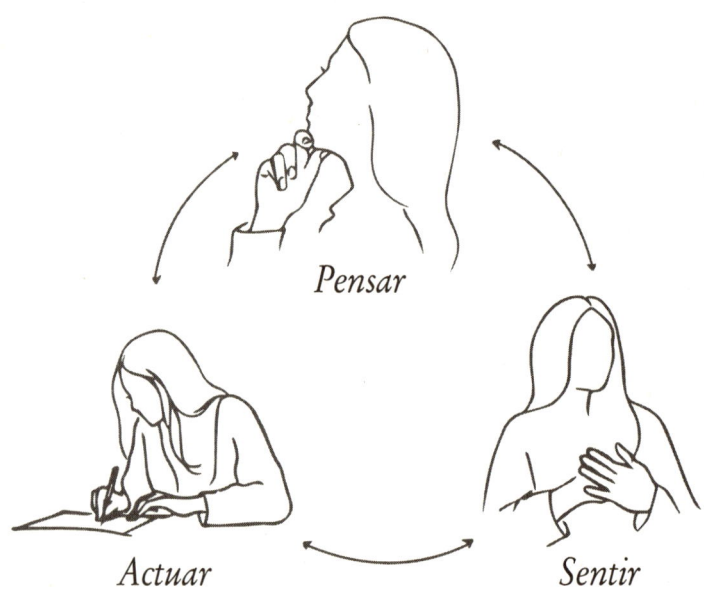

Las personas pensamos, sentimos y actuamos. Y todo esto está interconectado. Como bien sabes por experiencia propia, hay pensamientos que aparecen de forma involuntaria. Estos, en tu caso, son aterradores y te generan ansiedad y sensación de culpa. Es decir, los pensamientos involuntarios han desatado unas emociones y sensaciones. Y aunque quieras eliminarlos no tienes un botón para desactivarlos, porque no eres un robot sino una compleja y maravillosa persona. Por lo tanto, quedémonos con esto: **el ser humano alberga pensamientos, emociones y senti-**

mientos que surgen de forma involuntaria y que no podemos eliminar. Cuando te enfocas en esta dupla pensamiento-sentimiento y tratas de cambiar algo que surge de manera involuntaria no funciona. Precisamente porque es involuntario. Y no solo no cambia, sino que empeora. Por ello, debes tener en cuenta que el factor de cambio se encuentra en la acción, en el hacer. Es sobre este tercer factor sobre el que más control podemos tener. Aquí sí que interviene la voluntad. Y si haces algo diferente a lo que hacías, inevitablemente el pensamiento y la sensación cambian. Por eso, la terapia que te estoy aplicando desde el primer día pone en práctica prescripciones que te llevan a hacer, puesto que frente a los problemas del pensar y del sentir solo las acciones elegidas estratégicamente pueden cambiar ese círculo vicioso.

La tríada pensar + sentir + actuar

La tríada del ser humano, compuesta por pensar, sentir y actuar, representa tres aspectos fundamentales y entrelazados de la experiencia humana. Cada uno de estos componentes no solo define una faceta de nuestra existencia, sino que también influye y es influenciado por los otros, creando un ciclo continuo de retroalimentación que moldea nuestra conducta, percepción del mundo y bienestar emocional. Veamos cómo se relacionan entre sí a través de diferentes ejemplos:

1. Pensar (cognición)

Esta dimensión se refiere a nuestros procesos mentales, incluyendo la percepción, la memoria, el juicio y la toma de decisiones. Nuestros pensamientos pueden condicionar fuertemente cómo nos sentimos y cómo actuamos.

- **Ejemplo:** imagina que piensas que vas a fracasar en una presentación importante. Este pensamiento puede generarte ansiedad (sentir) y puede llevarte a procrastinar o a evitar prepararte adecuadamente (actuar), lo que, a su vez, aumentará la probabilidad de que el resultado no sea el deseado, reforzando la creencia original.

2. Sentir (emoción)

Las emociones juegan un papel crucial en nuestra experiencia humana e influyen tanto en nuestros pensamientos como en nuestras acciones. Pueden alterar nuestra percepción de los eventos y motivar nuestras decisiones y comportamientos.

Ejemplo: si te sientes feliz y contento después de recibir buenas noticias, es probable que veas los desafíos futuros de manera más positiva (pensar) y te involucres en actividades que refuercen ese estado de ánimo, como compartir el momento con amigos o celebrar (actuar).

3. Actuar (comportamiento)

Nuestros comportamientos y acciones no solo son la expresión externa de nuestros pensamientos y emociones, sino que también retroalimentan y modifican cómo pensamos y sentimos sobre nosotros mismos y el mundo que nos rodea.

- **Ejemplo:** decides unirte a un grupo de voluntariado (actuar), lo que te hace sentir útil además del generarte un sentimiento de pertenencia a una comunidad (sentir). Esto puede cambiar la forma en que te percibes a ti mismo y al mundo, volviéndote más optimista y proactivo (pensar).

Interrelación y ciclo continuo

Como hemos visto, estos tres factores se influyen mutuamente en un ciclo continuo. Un cambio en uno de estos aspectos puede modificar los otros:

- **Ejemplo completo:** estás preocupado por un problema en el trabajo (pensar) y esto te hace sentir ansioso (sentir). Para manejar esta ansiedad, decides hacer ejercicio (actuar), lo que reduce tu estrés y mejora tu estado de ánimo. Después del ejercicio, te sientes más tranquilo y capaz de pensar en soluciones más creativas para tu problema laboral.

Este ejemplo ilustra cómo un cambio en el comportamiento (hacer ejercicio) puede influir en cómo nos sentimos (menos ansiedad) y cómo pensamos (más creativamente). La comprensión de esta tríada es esencial no solo para el autoconocimiento, sino también para el desarrollo de estrategias efectivas de manejo de la ansiedad, toma de decisiones y fomento del bienestar emocional.

La clave es la elección

Por supuesto, los seres humanos somos mucho más que la suma de estas tres partes (el pensar, el sentir y el hacer), porque cuando los tres factores operan de manera eficaz el resultado es mucho más complejo y extraordinario. Podríamos compararlo a una partitura de piano donde hay muchas notas, silencios y pausas, aunque el resultado de la melodía va mucho más allá de lo que hay escrito en la partitura. Esa música es la vida misma y solo se la puede escuchar actuando. Por eso, la mejor frase estratégica que deben tener presente las personas abrumadas por pensamientos e imágenes negativas es «**No eres lo que piensas y lo que sientes, porque esto continuamente cambia y no depende de ti, pero sí que eres responsable de lo que eliges hacer con lo que sientes y piensas. Eres lo que eliges hacer en cada momento presente con lo que tienes o se te ha dado**».

Diferenciar entre el pensamiento que informa y el pensamiento que miente

—Sigo tu planteamiento perfectamente, y creo que es una salida. Pero qué pasa si de pronto un día los pensamientos vuelven

tan fuertes como antes y me descontrolo, me vuelvo loca y hago daño a alguien.
—Vamos a hacer el experimento. Veamos si esto de ponernos en acción funciona. Coge estas tijeras, lo que me gusta de ellas es que son muy grandes y realmente afiladas y puntiagudas.
—Uno de mis terrores, Júlia...
—Lo sé, lo sé, por eso tengo aquí ciertos objetos guardados en mi cajón. Cógelos.
—Me tiembla la mano.
—Tú cógelas, muy bien, y ahora apúntame con ellas.
—No, no...
—Vamos a calcular tres minutos mientras me apuntas. Gira la muñeca. Eso es. Ahora me acercaré a las tijeras...
—¡¿Qué?!
—No bajes la mano. Voy a acercarme cada vez más y durante los tres minutos quiero que te obligues a pensar que me las clavas. Pongo el cronómetro. Comienza.

No hemos llegado ni al minuto y María empieza a llorar y a decir que no puede más.
—Sí que puedes, María, yo te ayudo. Mantén la posición. Imagina que me las clavas, que me las tiras. Hay sangre, mucha sangre. Aguanta, ya queda menos, sigue pensando en esas imágenes.

La alarma del cronómetro suena, María baja el brazo, suelta las tijeras sobre la mesa y rompe en un llanto muy saludable de liberación de la tensión de vivir la anterior experiencia.
—Has estado fabulosa, María. Lo has hecho muy muy bien. Cuéntame qué te ha sucedido haciendo el ejercicio.
—Es que no puedo ni hablar, ya ves que estoy llorando...
—Tómate tu tiempo. Esto que has hecho se llama terapia de choque. Es un recurso que no suelo utilizar, pero creo que tú lo necesitabas.
—¿Puedo darte un abrazo?
—Lo has hecho realmente bien, así que vamos a darnos un superabrazo.

Mientras nos abrazamos aprovecho para susurrarle al oído: **«Que pensemos una cosa no quiere decir que ocurra. Hay pen-**

samientos que, en vez de informarnos, nos están mintiendo continuamente. Aprenderás de manera automática, consciente e inconscientemente, a dejar ir los pensamientos sin apegarte a ellos».

—Bueno, venga, María, cuéntame qué ha sucedido, qué has vivido con este ejercicio.

—Primero pensé que estabas loca, muy loca, y que te haría daño, pero cuando he visto que realmente íbamos a hacer el ejercicio y que te ponías tan cerca... Ha sido... Pensaba en tirarte las tijeras y, al mismo tiempo, quería abrazarte. Y si te he pedido ahora un abrazo es porque al hacerme vivir mi pesadilla me has demostrado que realmente confías en mí y en lo que predicas.

—Sigue comprobando la importancia de concentrarte en el hacer. Vamos a espaciar nuestro próximo encuentro a tres semanas. Durante este tiempo debes acelerar y exasperar el pensamiento para conseguir el efecto contrario, desacelerarlo y disminuirlo. Como lo has hecho también estos días, vas a realizar la prescripción de acelerar y exasperar entre las nueve de la mañana y las nueve de la noche cada tres horas. O sea, a las nueve, a las doce, a las tres, a las seis y terminas a las nueve de la noche. A esas horas, durante cinco minutos, buscarás expresamente todos los pensamientos e imágenes que te producen miedo a perder el control y lastimar a los demás o hacerte daño a ti misma. Concéntrate en esos cinco minutos en acelerar y exasperar el pensamiento para conseguir desacelerarlo y disminuirlo el resto de las horas.

María me dice confiada que se ve capaz de afrontar esta modificación en la prescripción.

—Te voy a dar una indicación más, María, quiero que el próximo día me traigas una lista de todas esas cosas que aún eludes hacer por miedo a perder el control. También quiero que hagas otra de todas las precauciones que pones en práctica para evitar que suceda algo malo, ¿de acuerdo?

—Jolín, Júlia, ¡cómo me conoces sin yo haberte dicho nada! En este tiempo me he cargado de manías y de cosas para buscar seguridad. Es tal cual lo has explicado antes, hago ciertas cosas para tenerlo todo bajo control.

—Lo imagino, pero, como te he dicho, tanto **si sigues evitando** hacer cosas por miedo como si tomas precauciones, mantendrás y empeorarás tu problema, porque somos lo que hacemos. Si tus acciones siguen condicionadas por ese miedo, lo alimentas junto con el problema. Por lo tanto, a partir de ahora, aunque sé que no serás capaz de afrontar todas las cosas que evitas por miedo, quiero que pienses que cada vez que evitas algo, como no vestir a tu hija, no cocinar cerca de ella, etcétera, tu problema no solo se mantiene, sino que empeora. Así que, en la medida de lo posible, evita evitar y tomar precauciones, porque cada vez que lo haces agravas tu problema.

—**Evita evitar.** Me gusta esta consigna, es muy directa.

—Por último, quiero que a diario a primera hora de la mañana, mirándote en el espejo del baño antes de empezar el día, te preguntes: ¿qué haría hoy si mi problema ya no existiera?, ¿cómo actuaría si no hubiera existido nunca? Piensa en lo que apuntes en las listas, elige una acción y realízala.

NOTAS DEL CUADERNO DE MARÍA:

- No soy lo que pienso ni lo que siento.
- No soy mis pensamientos, estos me engañan continuamente.
- Quiero controlar la realidad porque no soporto la incertidumbre. Entonces etiqueto mis pensamientos y así me voy etiquetando a mí misma, pero no soy esas etiquetas.
- Debo dejar de tomarme tan en serio lo que la mente me muestra en forma de pensamientos y lo que me hace sentir. Lo que me tengo que tomar en serio es qué hago con lo que pienso y lo que siento. Mi capacidad de cambio radica en el hacer.
- Por mucho que piense algo no significa que vaya a ocurrir. Esto vale tanto en lo positivo como en lo negativo.
- ¡El exceso de control me hace perderlo!
- He querido solucionar este problema intentando no pensar, pero he entrado en un callejón sin salida. Júlia me enseña a superarlo con una contraparadoja.

- Al estar mucho mejor porque no me invaden tanto estos pensamientos puedo empezar a ver cómo funciono, cómo funciona mi mente sin ellos. Esta visión más alejada de mí me da perspectiva y me ayuda.
- Si quiero hacer desaparecer un pensamiento tabú intrusivo, debo reunir el coraje de aumentarlo para disminuirlo, acelerarlo para desacelerarlo.
- Me ciño a las indicaciones de Júlia. Aunque sienta que estoy mejor he de cumplir los horarios de las prescripciones. Se trata de reeducar el automatismo. He de dejar de huir y escapar y decidirme a afrontarlo. No va a pasar nada, hoy en la sesión he sentido por primera vez con claridad que no tiene por qué suceder nada.

LISTA DE EVITACIONES	LISTA DE PRECAUCIONES
• Viajar en avión. • Asomarme a las vías del metro, del tren, al balcón o a ventanas grandes. • Bañar a mi hija. • Vestir a mi hija: en especial, ponerle la parte de arriba porque me da miedo poderla ahogar con la ropa. • Cortar con cuchillos grandes si están cerca mi hija o mi marido. • Usar tijeras grandes. • Utilizar cuchillas u objetos que corten. • Usar la grapadora.	• Intento no quedarme sola con mi hija. • Trato de estar acompañada siempre casi para cualquier cosa. • Pido ayuda para que realicen por mí lo que me da ansiedad. • Cada vez que me ayudan recibo dos mensajes: el primero es que lo hacen porque me aman, el segundo es que creen que no soy capaz. Cuanto más me ayudan, más me confirman mi incapacidad. • El amor de los demás en esta forma de ayuda no me hace fuerte, sino que me debilita. • Cada vez que evito algo por miedo, lo incremento.

Cuarta psicosolución

Reconquistar todo aquello que los miedos nos quitan.

Frase-antídoto:
«Miedo evitado, miedo incrementado. Miedo afrontado, miedo superado».

No te tomes demasiado en serio ni te aferres a pensamientos o sentimientos; tu mente teje ilusiones sin cesar.

J. Pascual

Imagina a nuestros antepasados prehistóricos en un mundo lleno de riesgos inmediatos: depredadores acechando en la maleza, conflictos por recursos con grupos rivales y el constante desafío de encontrar comida y refugio. En ese mundo, tener un radar interno ajustado para detectar peligros a la velocidad del rayo era más que una herramienta de supervivencia y resultaba esencial para la vida diaria. Así, nuestros cerebros se convirtieron en maestros de la alerta rápida, siempre listos para pasar a la acción en caso de amenaza.

Avancemos hasta el presente; ahora vivimos en un mundo donde las amenazas físicas han disminuido drásticamente para la mayoría de nosotros. Sin embargo, nuestro cerebro no ha cambiado demasiado respecto al prehistórico. El cerebro de la Edad de Piedra aún responde a las mismas viejas alertas de peligro, pero ahora se activa con las preocupaciones de la vida moderna: el estrés laboral, los dilemas relacionales, las presiones financieras, el sedentarismo, y sí, incluso la constante avalancha de notificaciones de nuestro teléfono. Estas preocupaciones, aunque no sean amenazas físicas directas, activan las mismas respuestas ancestrales de lucha o huida en nuestro cerebro.

Esta es la razón por la que, a veces, nos sentimos como si estuviéramos constantemente en alerta, atrapados en un bucle de ansiedad y pensamientos negativos. Nuestro cerebro trata de protegernos haciendo sonar las alarmas para peligros que, en la mayoría de los casos, no son tan directos ni mortales como los que enfrentaban nuestros ancestros. No es que nuestra mente funcione mal, sino que quiere protegernos de la misma manera en que antes nos protegía del lobo o del tigre.

Lo irónico de todo esto es que, en ese intento de nuestro cerebro por mantenernos a salvo, puede hacernos sentir más vulnerables. La buena noticia es que también somos descendientes de personas con una increíble habilidad de adaptación. Así como nuestros antepasados aprendieron a construir herramientas y refugios, nosotros podemos adquirir mecanismos mentales para calmarnos y poner las cosas en perspectiva. Actividades como el ejercicio físico, junto con otras modernas técnicas psicológicas, pueden ayudarnos a gestionar esa ansiedad ancestral y dirigir nuestra energía hacia una vida más equilibrada y feliz.

En conclusión, aunque nuestro cerebro está programado para responder a un mundo que ya no existe, también tenemos la capacidad de adaptarnos y crear nuevos caminos hacia el bienestar. Así que, la próxima vez que te sientas abrumada por la ansiedad o los pensamientos negativos, **recuerda que es solo tu cerebro tratando de hacer el trabajo que realizaba en la prehistoria, pero tú tienes el poder de enseñarle nuevos trucos para el mundo moderno**, unos que seguirás descubriendo capítulo tras capítulo.

Restablecer un equilibrio mental funcional

Nuestra salud es un juego de equilibrios. Ni mucho ni poco, ni exceso ni déficit, ni todo ni nada. La clave es encontrar la justa medida de las cosas para gozar así de bienestar y salud.

Enfrentar pensamientos que causan ansiedad, obsesiones, paranoias o delirios provoca un desequilibrio en la salud mental. Las técnicas psicológicas que enseño a lo largo del libro son un entrenamiento para recuperar ese necesario equilibrio. Quizá te sorprenda comprobar cómo algunas de estas estrategias activan circuitos para luego desactivarlos. Otras se enfocan directamente en entrenar al paciente para bloquear e inhibir las respuestas de la mente. Cada individuo es único y, por lo tanto, requiere un enfoque personalizado, pero todas las técnicas persiguen el mismo resultado: restablecer el equilibrio mental.

En la vida es crucial no obsesionarse con comprender y racionalizarlo todo, ya que el exceso de control puede llevar al caos del sistema. No podemos controlar por completo la mente, pero sí podemos guiarla hacia un equilibrio funcional.

La complejidad de nuestro cerebro incluye una gran capacidad de adaptabilidad y, dentro de nuestra evolución, es natural que el cerebro genere alertas ante posibles amenazas o incertidumbres. Ahora bien, resulta crucial que también tenga la capacidad de bloquear e inhibir respuestas excesivas. Un desequilibrio en este sistema puede generar trastornos de salud mental. La TBE ha demostrado ser efectiva en mejorar la calidad de vida de los pacientes, hasta el punto de modificar las funciones neurofisiológicas y neuroanatómicas del cerebro. En esencia, una intervención psicológica exitosa provoca cambios biológicos, tanto fisiológicos como anatómicos, fomentando un equilibrio saludable entre la activación e inhibición del sistema nervioso.

En TBE, a diferencia de otros modelos de terapia, no hacemos que la persona estudie los tipos de pensamientos que tiene con el propósito de clasificarlos en racionales o irracionales. Tampoco nos detenemos a hablar de todos ellos y a darles vueltas, porque para una persona con tendencia a la rumiación y a sobreanalizar, esto puede ser contraproducente. Estos individuos ya suelen pensar demasiado como para que la terapia se centre en ayudarlos a pensar más y mejor. Si analizan los tipos de pensamientos que tienen, se comerán más el coco. Además, entender las cosas no equivale a cambiarlas.

En lugar de centrarnos en cambiar la forma de pensar, con la TBE hemos descubierto que el cambio es más efectivo y rápido cuando llevamos a la persona a sentir de manera diferente. La clave está en guiarlos hacia acciones que les proporcionen nuevas experiencias, algo que no han vivido antes. Por eso, logramos cambios desde la primera sesión, utilizando un diálogo estratégico que les hace sentir algo nuevo, lo que equivale a vivir una experiencia emocional correctiva. A través de estas acciones, al cambiar las emociones, inevitablemente se modifica también la conducta.

El desequilibrio individual promueve un desequilibrio sistémico

La mayoría de las veces, ante una dificultad, las personas aplican soluciones que, en lugar de resolverla, terminan convirtiéndose en parte del problema. Este es uno de los conceptos clave que abordaré a lo largo del libro: el problema no reside en tener pensamientos negativos, por extraños o tabús que sean. Todos podemos tener estos pensamientos, que van y vienen, pero el verdadero problema comienza cuando no permitimos que la mente los procese de forma natural e intentamos combatirlos activamente.

Al luchar para no pensar en aquello que no queremos o al esforzarnos por tener solo pensamientos positivos, aparecen los bucles obsesivos. Es en esta lucha constante con los pensamientos negativos donde surgen la tensión, la ansiedad, la frustración, la impotencia y los síntomas depresivos, ya que, al intentar controlar nuestra mente, acabamos perdiendo.

Es importante entender que son las soluciones que aplicamos a lo que percibimos como un problema las que, en realidad, lo generan. Si una persona intenta controlar obsesivamente sus pensamientos y fracasa, esto no solo le afecta a ella, sino también a su entorno, que con las mejores intenciones trata de ayudarla, pero como bien dijo Oscar Wilde: «Con las mejores intenciones se producen a menudo los peores resultados». **Los**

problemas persisten en el tiempo debido a las relaciones y al contexto que los sostienen.

Una de las razones por las que la TBE logra ser eficaz en tan poco tiempo es porque promueve el cambio sistémico, es decir, actúa de manera práctica teniendo en cuenta el contexto en el que vive la persona. Entendemos que los problemas psicológicos no residen exclusivamente en la mente del individuo. En lugar de eso, se ven influidos y sostenidos a través de las relaciones que la persona establece con los demás y con su entorno.

Esto diferencia esta terapia de las intervenciones psicológicas que centran su atención tan solo en el individuo y sus procesos internos. La TBE realiza una intervención psicológica sistémica ampliando el foco para incluir el sistema de relaciones en el que el individuo opera. Mientras que las terapias convencionales se centran en cambiar pensamientos y comportamientos a nivel individual, las terapias sistémicas y estratégicas buscan modificar las dinámicas relacionales y ambientales que perpetúan el problema.

Esto proporciona una perspectiva más amplia, haciendo énfasis en la adaptación y el cambio en un contexto mayor que solo la psique individual. Por ello, proporciona indicaciones precisas a los familiares y las personas cercanas al paciente, quienes juegan un papel crucial en facilitar el cambio. La TBE incide en el entorno para lograr un cambio interior, implicando a las personas más cercanas y significativas para el paciente.

A continuación veremos cómo María se da cuenta de la extensión del desequilibrio al ámbito familiar. Su pareja, sin ser consciente, ya es parte del mecanismo problemático.

La trampa de la dependencia

María comienza la sesión con tono apasionado. Ya no es la mujer acomplejada y angustiada que, quejumbrosa, se replegaba en el respaldo de la silla. Ahora hay más calor en sus gestos, sus manos se muestran más expresivas al hablar y el tono de su voz ha adquirido una nueva contundencia. Sé que está pugnando por dar forma a la honda incomodidad que siente. La ayudo con un pequeño empujón.

—María, pareces enfadada.

—No estoy enfadada... o sí, no sé. Es que... al hacer los ejercicios que me propones, al poner por escrito la lista de evitaciones, me he dado cuenta de que durante este tiempo me he convertido en alguien distinto.

—¿Qué quieres decir?

—Yo no era así. Era una mujer autónoma, independiente y ahora dependo por completo de mi marido. He comprendido que me he construido y conformado con un estilo de vida en el que estoy... como prevenida todo el tiempo, pero totalmente limitada. Eso es. Me he comido el coco de tal manera que he llegado a creerme que es mejor vivir así. Soy una persona dependiente, esa es la verdad.

—¿Y eso te molesta?

—Lo detesto. Me da vergüenza. Te lo confieso a ti porque eres la persona en la que he elegido confiar para acabar con esto. No es solo el miedo a hacer, es que me he transformado en alguien que no me gusta. ¿Cómo puedo gustarle a mi marido? Y menos mal que lo tengo a él, que me ayuda con todo lo que no puedo sola, porque si no...

—¿En qué te ayuda? Concreta.

—Si me abruman los pensamientos negativos, le pido que haga todo lo referente a la niña, porque yo me siento incapaz.

—Dame otro ejemplo.

—También le pido que siempre conduzca él, incluso mi propio coche...

—Y cada vez que le pides ayuda, ¿te sientes mejor o peor?

—Claramente peor.

—¿Y cómo te explicas que te sientas peor si está resolviendo lo que tú no puedes?

—Es lo que te he dicho, aunque no lo quisiera ver, está delante de mis ojos, cada vez que me ayuda dependo más de él y siento que terminaré perdiendo totalmente la confianza en mí misma.

—Exacto, tal y como indicabas en tu lista de evitaciones, cada vez que le pides ayuda y él te la da, estás recibiendo dos mensajes. El primero es «Te ayudo porque te quiero». Pero el segundo mensaje que recibes tiene más fuerza: «Te ayudo porque sé que tú sola no puedes, porque sé que serás incapaz». María, yo sé que ahora no te atreves a dejar de pedirle ayuda, pero debes entender que cada vez que lo haces tu problema no solo no mejora, sino que empeora. Cada vez que le pides ayuda tu problema crece...

—Y a medida que crece el problema yo decrezco, es como si fuera desapareciendo, como si me anulara, ¿no?

—Es una buena manera de verlo. Tú misma lo has dicho: cada vez que te ayuda te sientes más y más incapaz.

—Al hacer la lista me di cuenta del papel de mi marido. Él está atrapado en el problema y no lo había visto hasta ahora.

—Tu marido, al querer ayudarte, se ha convertido en una muleta y te ha hecho pensar que sin ella no podrás sostenerte y avanzar sola. Entonces ¿qué crees que habrá que hacer?

—¡Dejar de depender de él!

—Exacto, María, debes aprender de nuevo a funcionar por ti misma sabiendo que tu marido está allí, orgulloso de que seas un ser completo. Para ello, él tiene que aprender a ayudarte de verdad, vamos a hacerle entrar para que forme parte de la solución.

El marido muleta

Como ya dijimos, con las mejores intenciones, a veces, se generan los efectos más adversos. Este fenómeno se observa cuando el entorno intenta asistir a alguien que sufre sin la guía adecuada de un profesional de la salud mental, corriendo el riesgo de convertirse inadvertidamente en facilitadores del problema en lugar de en solucionadores. En el caso de María, percibe que su marido ha empezado a funcionar como una suerte de «muleta». Aclaro que, al igual que alguien con una lesión física puede necesitar muletas de forma temporal para movilizarse y llevar una vida lo más activa posible, en su situación particular, depender de su esposo como muleta no es la solución a largo plazo, sino que mantiene la problemática.

—¿Qué crees que pasaría si una persona no deja de usar las muletas?

—No sé... ¿Que la pierna al final se queda como un higo?

—Al inicio, usar las muletas es necesario para moverse mientras se repara lo que está fracturado, pero si no suelta las muletas a tiempo, cuando quiere andar sin ellas su pierna está tan debilitada que no puede sostenerla, ni mucho menos caminar.

—Así me siento, como un higo podrido, una debilucha. Y me vienen las palabras que me dijiste en una sesión: «Llevas encima las heridas de las batallas evitadas» y ya estoy harta. Además, es que yo no quiero depender así de mi marido y me encantaría dejar de apoyarme en él, licenciarlo de su papel de muleta, pero...

—Pero... iremos poco a poco para ir muy rápido. Si te quitara de golpe la muleta, te caerías. Estamos construyendo juntas una nueva musculatura que te sostenga. Así podrás reconquistar todo lo que los miedos te han quitado.

Durante esta sesión, involucro al esposo de María, quien habitualmente la acompaña a todas partes debido a su intensa ansiedad. En terapia, revelan que desde que María comenzó a sufrirla, Antonio se ha hecho cargo de gran parte de las responsabilidades, incluyendo el cuidado de su hija pequeña, el manejo del hogar y el sostén económico. Antonio lo ve claro: «Mi mujer piensa demasiado, y eso la paraliza». En la sesión, María toma consciencia de cuán disminuida se ha sentido y de cómo todas sus evitaciones se han transferido a Antonio. Juntos deciden reconquistar la autonomía de María y recuperar el papel de Antonio como pareja, no solo como cuidador.

Mi objetivo en esta sesión es transformar esta dinámica patológica que perpetúa el problema. Si Antonio continúa haciendo todo por María y ofreciéndole un apoyo que, en realidad, la debilita más, ella seguirá perdiendo capacidad de acción. Esta sobreprotección, que inicialmente parecía útil, ha degenerado en un papel en el que Antonio actúa más como un padre que como un esposo, y María se ve a sí misma más como una hija que como mujer. Esta dinámica ha erosionado no solo su interacción diaria, sino también su intimidad, eliminando prácticamente el deseo sexual entre ellos.

Para comenzar a desmontar esta dinámica, me centré en hablar sobre todo con él y exponer la situación bajo otro enunciado que le permitiera establecer una relación distinta con el problema de su mujer.

—Antonio, me sabe mal decirte algo que no te va a gustar, pero si no te lo digo, no os podré ayudar.

—Dime, estoy preparado para que me digas qué debo hacer para ayudar a María.

—No, no, es que he de empezar por algo que no te va a gustar nada, y temo que te enfades conmigo. Pero si no lo digo, esta sesión no serviría para nada...

—Júlia, dime lo que me tengas que decir. Yo quiero que deje de sufrir este calvario.

—Verás, es que el problema entre vosotros es que no estáis viviendo una relación de dos, no sois una pareja. Sois tres en la relación: María, tú y el amante.

—¿El amante?

—El trastorno obsesivo es el amante.

—No lo había visto así, pero es verdad... El amante me está ganando, es más suya que mía.

María se queda estupefacta al escuchar estas palabras y permanece en silencio con la cabeza gacha.

—María quiere dejar a este amante, pero no es tan fácil, porque le tiene comido el coco. Por eso ahora ella, aquí, te pide ayuda. Tú eres esencial para que el amante deje de colarse tan fácilmente en vuestra casa.

—Verlo así me ayuda. Resulta evidente que esta ansiedad no solo está destruyendo a María, también nuestro matrimonio. ¡Cómo hemos cambiado! Porque yo también lo he hecho, me paso el día en alerta. Me doy cuenta de que me adelanto a sus peticiones de ayuda, de que acentúo el control hacia ella, pero es que temo que se ponga mal o les pase algo a ella y a la niña. Desde fuera debemos parecer el clásico matrimonio machista, y yo, un narcisista controlador. Pero es que todas las responsabilidades, toda la carga, recaen sobre mí.

—Antes no era así, ¿verdad?

—Qué va, Júlia, deberías haber visto el poderío que tenía María.

En este caso el matrimonio mantenía una relación simétrica antes del problema, pero con el trastorno obsesivo la relación ha cambiado y ha pasado a ser una complementaria patológica que los dos miembros quieren cambiar.

—El miedo se contagia, Antonio. Ella se protege de ese miedo evitando afrontar las situaciones y delegándote todo a ti. Y tú, al aceptarlo, dejas que ese miedo también se propague en ti.

—Pues sí, porque yo ahora pienso también como ella para intentar que esté bien. Estoy controlando todo, vigilando todo...

Familiares y parejas de personas que padecen trastornos psicológicos suelen esforzarse por ofrecer ayuda. Pero, a menudo, la constante convivencia y el empleo de soluciones ineficaces que perpetúan patrones patológicos pueden llevar a que estos acompañantes terminen desarrollando síntomas similares o trastornos análogos. La atmósfera disfuncional afecta al final a todos los miembros de la familia.

—¿Sabes, Antonio? Los miedos son como un virus, cuanto más habla María sobre ellos, más los propaga. Porque las palabras construyen realidades y María, a través de estas, hace que esos pensamientos negativos que son solo eso, pensamientos, tengan más fuerza cada vez que habla contigo.

—Yo la animo a que me cuente lo que le pasa para ayudarla.

—Lo sé, pero esa solución no solamente no la ayuda, sino que está perpetuando el problema y empeorándolo.

—Entonces ¿qué hago?

En ese momento me quedo en silencio y los miro.

—Si queréis recuperar la relación de dos debéis concentraros y tomaros las prescripciones muy en serio. Desde hoy hasta que nos volvamos a ver vais a hacer básicamente dos cosas. La primera, María, es cerrar el pico. Cada vez que hablas de tus miedos pones al amante entre tu marido y tú. Todos los miedos y las aprensiones son el amante, y no vas a nombrarlo bajo ninguna forma. Protege tu casa del problema cerrando el pico, porque cada vez que hablas del problema, crece en tu cabeza y va dominando también todo tu entorno, lo que condiciona a Antonio y lo interpone entre los dos. ¿Estás de acuerdo?

—Sí, lo tengo clarísimo.
—Bueno, yo no lo veo tan claro. A ver, ella aquí y ahora tiene la mejor de las intenciones, pero si en casa empieza a hablar del tema, a decirme que si le da miedo esto o lo otro, vaya, si es incapaz de cerrar el pico, como dices tú, ¿yo qué hago?
—Le dices «María, date cuenta de que estás hablando del problema y esto te empeora». Si no se calla, te vas, le sacas otro tema o la dejas sola.
—¿Y si se enfada conmigo?
—Entonces le dices «No estás enfadada conmigo, sino con tu psicóloga. Yo solo hago lo que me ha dicho para ayudarte. Si no estás de acuerdo o te cabrea, se lo dices el próximo día en la consulta. Te enfadas con ella, no conmigo. Yo solo intento hacer las indicaciones que nos ha dado lo mejor posible».
—Esto es perfecto. Tú, Júlia, la culpable. Me gusta.

Antonio ríe y noto que María está nerviosa.

Con esta prescripción busco ponerle límites a la obsesión. Este cambio sistémico ayuda a acotar el espacio adecuado para hablar del malestar: la sesión terapéutica.

—Antonio, la segunda prescripción requiere de tu compromiso. Se trata de que, a partir de ahora, a cada pregunta que haga María buscando tu control, tu opinión innecesaria o tu validación, en vez de contestarla, le vas a devolver la pregunta.
—¡Ostras! Esto es muy bueno, porque llega a pedirme cosas tan absurdas y me pregunta asuntos tan obvios...
—Exacto. Entonces cuando te pregunte, por ejemplo: «¿Crees que esta marca roja de la niña la he hecho yo?». Tú le devuelves la pregunta: «¿Y tú qué piensas?». Otro ejemplo: «¿Crees que me voy a curar?», o «¿Crees que deberíamos haber sido padres?». Tú contestas «¿Y tú qué opinas?». Pero sobre todo bloquea tus respuestas, deja sus preguntas sin contestar, porque si no, sin querer, caes en la trampa de la obsesión.
—Respondo al amante.
—Exacto.
—Lo voy a hacer perfectamente.
—A partir de ahora, María afrontará ciertas cosas ella misma,

pero tú debes apoyarnos en esto. Así que cuando te pida que la ayudes con algo que evita por su problema, por ejemplo: «¿Puedes cortar la sandía?» o «¿Puedes coger ahora a la niña?». Tú boicotea el problema. Tienes varias maneras: o bien no haciéndolo, o bien retrasando la ayuda al máximo para darle tiempo a que valore si afronta el miedo y lo hace ella misma. Entonces, cuando te pida que seas su muleta, esa ayuda que en realidad la invalida, tú boicotéale retrasando su petición diciendo «Ahora vengo», «Acabo esto y voy...».

Estas indicaciones permiten que Antonio deje de ser cómplice del problema y aplique nuevas soluciones para desmontarlo. Además, ayuda a María a identificarlo y poder aplicar las indicaciones oportunas sin caer en los bucles obsesivos a los que, sin querer, arrastraba también a su marido.

Esta sesión, con la analogía del amante y el círculo de la ayuda que no ayuda, sino que invalida, ha iniciado el camino de la reconquista de los miedos de María. Pero también, y esto es muy importante, va a permitir que el marido no represente un impedimento a la hora de cambiar de nuevo la dinámica y volver a tener una mujer autónoma y con coraje. Ahora él también se ha dado el permiso para volver a su rol de marido y no de muleta-terapeuta.

Ahora me toca a mí

En la siguiente sesión María entra con un aspecto muy cambiado y le empiezo a preguntar por el efecto de una técnica que le prescribí en la anterior visita a nivel individual. La técnica del «como si». María debía cada mañana antes de empezar el día responder a la siguiente pregunta: «¿Qué haría si mi problema ya no existiera?». Y pensando en su lista de evitaciones y precauciones decidir qué cosa, aunque fuera muy pequeña y banal, haría durante ese día.

—Cuéntame, María, de la lista de evitaciones, ¿has podido ordenarla de la que te daría más miedo afrontar por ti misma a la que menos?

—Sí, he establecido una jerarquía.

—¿Y has comenzado a afrontar el miedo de más baja intensidad?

—Sí, aunque con mucha ansiedad en el cuerpo, porque mi corazón latía muy fuerte, me temblaba todo...

—Ahora estamos de reconquista. Se trata de volver a ganar territorio, porque recuerda: miedo afrontado...

—¡Miedo superado! Júlia, he hecho las cosas, con mucho miedo, pero las he conseguido realizar. Y luego me he dado cuenta de que no eran para tanto.

—Mirar el miedo a la cara nos da valor y coraje, y esa valentía se tiene justo porque una se enfrenta al miedo, más que valentía podría ser inconsciencia.

—¡Miedo afrontado, miedo superado!

—En cambio, recuerda que, aunque no nos damos cuenta, ¡miedo evitado, miedo incrementado!

—Sí, me repito la frase-antídoto muchas veces al día.

—¿Y cómo te ha hecho sentir afrontar ese miedo?

—Muy bien, la verdad. A ver, no te voy a engañar, ¿eh? Al hacerla tenía ansiedad, pero igualmente la he hecho.

—Y una vez afrontada, ¿cómo te has sentido?

—Gloriosa.

María ríe.

—Muy bien, has estado fantástica. Y has comprobado una cosa. Cuando evitamos algo por miedo, al inicio nos sentimos mejor, pero luego ¿nos sentimos mejor o peor?

—Mucho peor.

—¿Por qué?

—Porque sientes que cada vez puedes hacer menos cosas. Los miedos, los lobos, lo dominan todo. Ellos mandan sobre tu vida. Y así la vas perdiendo, y ya no te reconoces. Pero, a ver, también he de decirte que yo no podría haber afrontado este miedo si no hubiera superado un poco el bucle de pensamientos negativos. Porque es que no he tenido apenas pensamientos intrusivos, y así es mucho más fácil.

—Luego me explicas sobre los pensamientos, ahora me interesan tus acciones: qué has hecho estos días a espaldas de los pensamientos y las sensaciones que te ha causado afrontar el miedo.

—Pues mira, justo cuando iba a afrontar el miedo, este se disparaba, los lobos aullaban, pero en vez de dejarme aturdir, me decía «Ya se irán, ya callarán, ¡allá voy! ¡Ahora me toca a mí!».
—¡Ahora me toca a mí!
—Sí, porque quiero vivir mi vida y no que la vivan mis miedos. Ahora me toca a mí. Y lo he conseguido. Y lo que más me ha sorprendido es que la ansiedad ha bajado mucho más rápido de lo que imaginaba.
—Me gustaría saber si, cuando dijiste «Aquí estoy yo», «Ya se irán», «Ahora me toca a mí», ¿acompañaste estos pensamientos de una acción preparatoria, de algún tipo de autoapoyo?
—Me da un poco de vergüenza contártelo. Antes de afrontar la situación sufría un pico de ansiedad agudo, pero tenía claro que lo iba a hacer, que lo iba a afrontar. Y entonces me imaginé que era una supermujer, una *superwoman*, más guapa y segura y empecé a cantar «Crazy in Love», una canción de Beyoncé que me hace sentir muy poderosa.
—Oh, ¡qué bueno! Has encontrado un recurso magnífico que te conecta con tu fuerza. A partir de ahora esta melodía te va a acompañar en tu reconquista de todo lo que el miedo te ha estado quitando. Y este recurso lo has encontrado tú sola, de manera espontánea. Has estado muy aguda, muy capaz, fantástica, ¿quieres que te explique por qué ha funcionado?
—Y yo que creía que era una tontería...
—De tontería nada. Cuando vamos a afrontar una situación y aparecen los miedos, los lobos, intentan que evitemos esa situación, pues es peligrosa y vamos a ser devoradas. Pero estos lobos, estos pensamientos, no deberían estar en el territorio de la consciencia, sino en otra parte de la mente, en el subconsciente. Allí pueden tener su vida silvestre. Y así cada uno ocupa su territorio, tú en el consciente y tus lobos en el trastero de la mente. Algunas veces, los sueños son un territorio intermedio donde nos encontramos, porque la consciencia duerme. Pero al despertar los lobos han de regresar a su lugar natural. Entonces, si ellos invaden el territorio de la consciencia, hemos de demostrarles que no deben estar allí, pues es nuestro terreno, no el suyo. Somos nosotras

quienes hemos de dominar el territorio de la consciencia, de la acción, de las relaciones. El plano de la realidad es el nuestro.

—Pero no existe una única realidad, ¿no? Sino tantas realidades como puntos de vista hay.

—Así es, no solo nos engaña la mente a través de nuestros sentidos, también nos autoengañamos constantemente, al fin y al cabo, acabamos creyendo y decidiendo algo como verdad. Por lo tanto, es importante afrontar esa realidad para reconquistar nuestro territorio. Hay que hacerlo como tú, armando ruido para parecer más grandes de lo que somos y hacerles ver que no somos una presa para ellos. Tú has cantado, algunos chillan... Has utilizado esta sabia estrategia de manera espontánea, porque el instinto sabe defenderse del predador. Además, al cantar has desplazado la atención hacia fuera, has conseguido concentrarte en ella y conectar con esa sensación de fuerza, te has hecho grande y así has evitado controlar los síntomas de ansiedad, porque si lo hubieras intentado, te habrías descontrolado, y podrías haber sufrido un ataque de pánico y quedarte bloqueada.

—Entonces, lo que me parecía una tontería ha sido un recurso instintivo, tiene validez. He empezado a hacer cosas por mí misma que tienen validez.

—Ya lo creo. ¿Quieres que te explique otros trucos para evitar que nos agredan los lobos?

—Sí, por supuesto.

—La más difícil estrategia, pero la más eficaz, es la que has hecho: mantener la calma y demostrarles que tú no eres su presa. Los lobos suelen evitar el contacto con los humanos, de hecho, los ataques son extremadamente raros en la vida real, pero no en nuestra mente. Hay que respetar los espacios de cada uno, pero cuando un lobo está en un lugar que no es el suyo debemos hacernos ver, tenemos que ocupar nuestro terreno, conquistar el terreno ocupado por ellos para que de forma natural se vayan adonde deben ir, al subconsciente, esa parte de la mente donde no nos molestan, pero a la que podemos acceder si los necesitásemos. Nuestro afán de control nos hace querer controlarlo todo en vez de darnos cuenta de que en nuestra naturaleza también hay un territorio salvaje. En vez de huir, hay que saberlo gestionar. Jamás deberíamos bloquear una parte nuestra, la mente no está mal hecha. La naturaleza humana no está hecha para la autodestrucción, son las cosas que hacemos con las partes de nosotros mismos las que nos meten en líos. El lobo, si lo dejamos hacer, volverá por sí solo a su territorio. Pero si desde nuestra mente consciente lo acariciamos, lo alimentamos o lo molestamos, se quedará más tiempo donde no es su lugar.

—No quiero alimentarlo.

—Por eso, cada vez que afrontas un miedo, aunque te provoque vértigo, este disminuye.

María ya ha aprendido la herramienta para gestionar los pensamientos intrusivos y tabús, y ahora ha de seguir ejercitándola. Saturar el pensamiento obsesivo e intrusivo durante un periodo controlado de tiempo actúa como un espray de pimienta. Ha descubierto su capacidad de acelerar voluntariamente esos pensamientos tabús para desacelerarlos. Es una práctica que le va dando más seguridad para poder enfrentarse con esos lobos e incluso mostrarse más grande y determinada que ellos. Al fin, es capaz de saber a qué territorio pertenece cada uno. Por ello le hago la siguiente pregunta:

—María, ¿has pensado en ir afrontando todos los asuntos que te tienen paralizada sin tu marido?

—Ay, Júlia, no sé qué hiciste en mi mente, creo recordar que cambiaste la voz cuando me planteaste esta pregunta en otra sesión, y es una voz que usas que se mete muy dentro de la cabeza, porque estos días, cuando veía a mi marido, de repente me venía la imagen de una muleta y pensaba «No quiero que sea una muleta». Desde que salí de la anterior sesión he visto claro que quiero recuperar a mi marido y que no sea mi muleta. Y él ha seguido muy bien tus indicaciones. Al principio me enfadaba con él, pero me soltaba «Enfádate con Júlia», y claro, me ponía en mi sitio.

—Te felicito, el miedo o se afronta en primera persona o nunca se acaba de afrontar.

Enciendo la luz de la habitación. Es una hermosa tarde la que se respira detrás de las ventanas del despacho.

—María, si tenemos una escala del uno al diez y uno es el primer día que viniste a la consulta y diez el día que me digas «Júlia, muchas gracias, el problema está resuelto», ¿qué nota te pondrías hoy?
—Un ocho.
—¿Un ocho a secas?
—Un ocho muy alto, un ocho y medio.
—Estoy de acuerdo con tu valoración, y ahora, dime, ¿qué crees que deberías hacer para llegar al diez? ¿Qué crees que deberías seguir cambiando en tu vida?
—Pues... no necesitar seguir las indicaciones porque los lobos ya no vinieran, que hubieran vuelto al territorio del subconsciente, y ser la mamá que siempre había deseado ser para mi hija, sin limitaciones, sin muletas, sin miedos.
—Déjame hacerte una pregunta, ¿crees que si ya te sintieras en el número diez no te vendrían nunca estos pensamientos intrusivos o vendrían, pero de manera muy ocasional, como una sombra?
—Bueno, me ha quedado muy claro en todas estas sesiones que las personas somos una paradoja, que estamos llenos de contrastes. Y que los lobos, los miedos, son parte de mí, aunque no me guste. Así que puede que asomen de vez en cuando la cabeza, que quieran invadir o husmear en el territorio de mi consciente. Pero si algún día vuelven a aparecer sé ya cómo adiestrarlos para que, tal y como han venido, se vayan.
—Creo que no lo podrías haber dicho mejor. Ahora entras en la etapa de «reconocer la sombra». Ahora ya sabes diferenciarte de tu sombra. Ya distingues bien esos pensamientos y sensaciones de malestar y no los identificas contigo. Ya no te enfadas ni hablas ni alimentas a esos lobos. Ahora debes seguir tu camino, enfocada en tu presente. Tú caminas tu vida y la sombra te acompaña allá donde vayas, aunque no la veas. Si aparece, ya no te peleas con ella, la dejas estar y acompañarte inevitablemente.

Procedí a darle nuevas indicaciones destinadas a consolidar ese equilibrio saludable que había conseguido sin recaídas.

Siguiendo el caso de María, has descubierto diversas técnicas psicológicas de la TBE, todas diseñadas para convertir un desequilibrio patológico en un equilibrio funcional.

NOTAS DEL CUADERNO DE MARÍA:

- Me pregunto «¿Me ayuda que me ayuden?».
- El amor de los demás en esta forma de ayuda no me hace fuerte, me debilita. Y convierto a mi marido en una ¡muleta!
- Durante nuestra sesión, analizamos cómo el apoyo constante de Antonio, aunque nace de su amor y deseo de ayudarme, ha empezado a funcionar más como una muleta emocional que como un soporte real. Aquí comparto los puntos clave que sacamos en claro:

  ○ Reflexionamos sobre cómo la dependencia prolongada de Antonio, similar al uso continuado de muletas físicas, está limitando mi recuperación y autonomía personal. Reconocí que esta dependencia no es sostenible y que puede debilitarme a largo plazo.

  ○ Me di cuenta de cuánto había permitido que esta dinámica afectara mi autoestima y nuestra relación. Este entendimiento fue doloroso pero necesario para comenzar a cambiar hacia otra más saludable y equilibrada.

  ○ Discutimos cómo Antonio podía ajustar su papel en nuestra relación, buscando un equilibrio entre apoyarme y promover mi independencia, sin caer en acciones que me mantengan en un estado de dependencia.

  ○ Aprendí que esta dinámica de dependencia no solo me afecta a mí, sino que también está erosionando nuestra relación y que convierte a Antonio en un cuidador más que en un compañero, lo cual afecta a nuestra conexión íntima... ¡en todo!

- ¡Voy a reconquistar todo aquello que los miedos me han quitado!
- Miedo evitado, miedo incrementado... ¡miedo afrontado, miedo superado!

Quinta psicosolución

Las profecías catastróficas corren el riesgo de convertirse en profecías autocumplidas si nos rendimos ante ellas.

Frase-antídoto:
«La confianza es mi escudo protector».

> El que mucho se preocupa por lo que podría ocurrir, se pierde el gozo de lo que está ocurriendo.
>
> FRIEDRICH NIETZSCHE

Una manera de comerse el coco es atender a las profecías catastróficas: «Seguro que cuando me vaya de vacaciones me pongo mala», «Ya verás como no le ponen la sillita de seguridad al niño en el autobús», «Moriremos por sequía», «Acabaremos en guerra», «Esta peca seguro que es un cáncer», «Trabaje lo que trabaje siempre seré pobre», «A mí siempre me timan», «Mis parejas me acabarán traicionando», «Soy la oveja negra de la familia»... De forma constante estamos expuestos a narrativas y predicciones que pintan un futuro sombrío y desalentador, a veces incluso desde la educación que hemos recibido, pasando por los medios de comunicación, las redes y programas de opinión y gran cantidad de ficción que consumimos para «relajarnos». Todas estas fuentes de información hacen que sean parte del imaginario colectivo los augurios de desastres naturales o las visiones de colapsos sociales. Estas profecías catastróficas pueden tener un impacto profundo en nuestro estado emocional y mental. Si bien es crucial ser conscientes de los retos que enfrentamos como sociedad y como individuos, sumergirse en estas profecías sin un filtro crítico representa un peligro significativo para nuestro bienestar y capacidad de acción.

Es peligroso asumir que todo lo que nos cuentan es cierto. Debemos desarrollar la habilidad de seleccionar y filtrar las creencias impuestas por otros y, en general, por el mundo que nos rodea. Hemos de ser conscientes de que nuestras creencias personales forman nuestra realidad y, por lo tanto, debemos proceder con cautela respecto a lo que elegimos creer. La creencia tiene el poder de concebir realidad en el presente; **creer en algo es crearlo en el ahora**.

Basándome en el principio del constructivismo, que sostiene que existen tantas realidades como perspectivas, considero que es crucial aprender a cuestionarnos algunas creencias periódicamente. Al mismo tiempo, en ciertas ocasiones, mantener o reforzar una creencia puede determinar si frente a una realidad nos hundimos o nos fortalecemos.

Tenemos que entender las profecías catastróficas como negatividad amplificada. En gran medida los medios de comunicación y las redes sociales participan en extremar y exagerar sus mensajes contribuyendo a generar una atmósfera de miedo y desesperanza. Esta negatividad amplificada afecta nuestra percepción del mundo y de las posibilidades futuras y limita nuestra habilidad para imaginar soluciones y alternativas constructivas. La constante exposición a predicciones negativas puede llevarnos a un estado de **parálisis por análisis, donde el miedo a lo que podría suceder impide cualquier forma de acción proactiva**.

Uno de los peligros más insidiosos de abrazar las predicciones catastróficas es el riesgo de caer en la trampa de la profecía autocumplida, ya que cuando dedicamos nuestra energía y atención a esperar el peor de los escenarios, podemos inconscientemente contribuir a su materialización. Al adoptar una postura de resignación, dejamos de buscar y aplicar soluciones que podrían evitar o mitigar los resultados negativos anticipados. En esencia, el pesimismo se convierte en un obstáculo que nos impide ver y actuar sobre las oportunidades de cambio positivo.

En los próximos dos capítulos, y a través del caso de Ana,

iremos viendo las claves para dejar de comernos el coco a causa de las profecías catastróficas. Un truco es lograr que las personas que se hallan inmersas en este bucle consigan no ignorar los desafíos que enfrentamos por el simple hecho de estar vivos y vivir en sociedad, sino que logren **desplazar el foco de la preocupación a la ocupación.**

Un caso práctico: Ana y el comecocos de los miedos

Ana se retrasa, pasan diez minutos y aún no aparece. La secretaria la llama sin éxito, mientras los padres insisten en que seguro que llegará. Después de veinte minutos, finalmente alguien toca a la puerta del centro y allí está ella: una mujer menuda de unos veintitrés años que apenas superaba el metro y medio de estatura, muy delgada y con una larga melena rubia que le caía por la espalda. Se ve incapaz casi de articular palabra, debido a la prisa con la que había corrido para llegar. Sus ojos, abiertos de par en par, reflejan hipervigilancia.

Trato de calmarla, asegurándole que no hay problema, mientras noto cómo la intensa frecuencia cardiaca la hace jadear. Le ofrezco agua, pero grita «¡No!», y al momento empieza a buscar en su mochila un botellín. Al ver tal agitación le digo que se tome todo el tiempo que necesite, a la vez que la acompaño hasta el asiento que se encuentra frente a mí. Entonces da inicio su primera sesión.

—Bueno, Ana, ¿qué te ha traído aquí? ¿Cuál es el problema que hemos de resolver?

—¡Uf! Mis miedos.

Ana me transmite mucha incomodidad y nerviosismo, se sienta muy erguida y rígida, con los ojos abiertos de par en par, sin parpadear y gira la cabeza para mirar constantemente alrededor, como si estuviera buscando algo.

—¿Hay algo en este espacio o en mi presencia que te preocupe? Puedes contármelo con confianza.

—No... Bueno... —Se toca la nariz y se ajusta las gafas—. ¿Grabas las sesiones? ¿Tu ordenador y tu teléfono tienen activado el bluetooth? ¿Hay alguien de prácticas o algún espejo unidireccional por el que estén mirando otros profesionales?

—No, pero sí que tengo el bluetooth activado en este ordenador y en mi teléfono.

—Me pone nerviosa... Pero déjalo... No hay nadie más que tú, ¿verdad? ¿Podrías apagar los dispositivos electrónicos?

—¿Por si nos escuchan o nos graban?

—Sí. Vengo aquí porque tengo miedo a la gente y mi cabeza no para de imaginar cosas terribles.

—Entiendo. En esta primera sesión, apagaré absolutamente todo.

Y tal como le prometo desconecto los dispositivos electrónicos, lo cual propicia que Ana se relaje.

La hipervigilancia es común en pacientes que presentan desconfianza. Según los criterios de psicología muestran un cierto grado o trastorno de paranoia. En este primer encuentro, mi objetivo es hacer sentir segura a mi paciente. Por eso apago los dispositivos, aunque es un gesto que la mantiene en la problemática y que equivale a darle la razón de que son muy peligrosos alimentando su creencia negativa al respecto. Cuando me lo pidió evalué que, siendo una primera entrevista, si me hubiera negado a su demanda, la paciente se habría mostrado desconfiada, lo que hubiera provocado que en ese estado defensivo no me hubiera contado demasiado sobre lo que le ocurría. También podía suceder algo peor, y es que ante la negativa reaccionase o bien huyendo, o bien de forma agresiva.

Poco a poco Ana comienza a abrirse. Necesita que la ayude haciéndole preguntas porque le resulta muy difícil hablar sobre lo que le sucede. Me cuenta que siempre ha tenido miedo de la gente, pero que desde hace diez días la cosa ha empeorado. Mientras ahondábamos en su educación me confiesa que ha sido criada en un constante estado de alerta.

—Soy hija única y desde siempre me han dicho «Cuidado que viene el lobo»....

—¿Como en la fábula de Pedro y el lobo?

—Sí. Es el cuento favorito de mis padres. De tanto oírlos decir que me acechan peligros por todas partes no paro de pensar que hay lobos, malas personas, gente que me puede hacer daño y que yo no puedo controlar... Me veo tan poca cosa, tan débil...

Así desentrañamos cómo el padre de Ana, informático de profesión, le había dado un exceso de información a su hija a una edad muy temprana. Desde bien pequeña conocía los peligros digitales a los que estamos expuestos. Su padre, además, elucubraba predicciones catastróficas de manipulación, vigilancia y control. Ana se definió como una hija obediente y agradecida por la protección que sentía de su entorno familiar. Cuando empezó la universidad y tuvo que viajar desde su pueblo a Barcelona, las cosas se complicaron. Se sentía muy insegura al lidiar con espacios desconocidos. Al principio, los padres o la abuela la acompañaban en los trayectos de tren.

—Si hubiese tenido dinero para un coche no lo hubiera pisado nunca, en los trenes hay gentuza. Pero mi padre me tiene localizada con el GPS por si acaso.

—¿Y al salir del tren siempre corres como has hecho hoy para venir aquí?

—Sí, a veces finjo que estoy corriendo para disimular que no me siento cómoda o hago «caco».

—¿«Caco»?

—Sí, camino un poco y luego corro, porque si no, ya sabes...

—«Caco», esa es buena. Ana, sé que te da vergüenza contarme lo de hace diez días, pero si haces una excepción y confías en mí, puedo ayudarte.

—Prefiero que sigamos con las preguntas.

—De acuerdo. Me decías que te da miedo la gente. ¿Quiénes te dan más miedo: niños, jóvenes, adultos o gente mayor?

—Ah, pensándolo bien los niños y la gente mayor no me dan miedo. No estoy tan mal entonces.

—Así que te dan miedo los jóvenes y adultos. ¿Y te dan más miedo los hombres o las mujeres?

—No quiero que pienses que soy clasista o racista, pero siento más miedo hacia los hombres de cierto tipo..., por su apariencia.

—¿Te dan más miedo los hombres extranjeros o tanto extranjeros como nacionales?
—Principalmente los inmigrantes extranjeros.
—¿Y tienes más miedo de los hombres de color o de piel blanca?
—Verás, no quiero que me malinterpretes, pero sobre todo me causan temor aquellos que parecen descuidados, incluso si no lo están. Principalmente los hombres de Afganistán, pero también los negros, ¿eh? Pero, en realidad, ahora casi todos los hombres me generan miedo.

Estoy **haciendo preguntas** porque a muchos pacientes les cuesta abordar el asunto que lo trae a consulta. En el caso de Ana está claro que este método la hace sentir que puede controlar lo que responde. Me doy cuenta, gracias a su respuesta, de que desconfía de mí, puesto que yo no soy ni una niña ni una anciana. Si bien soy una mujer, me encuentro en ese grupo que le provoca ansiedad. En TBE utilizamos un diálogo en concreto, denominado **diálogo estratégico**, que es una forma de comunicación entre el terapeuta y el cliente. Con este diálogo estratégico buscamos:

- Identificar los patrones específicos que contribuyen al problema del cliente.
- Interrumpir estos patrones mediante el uso de intervenciones precisas y a menudo contraintuitivas.
- Crear una nueva realidad en la que el problema se resuelve o se maneja de manera más efectiva.

El diálogo estratégico es una herramienta poderosa en la TBE porque facilita un cambio rápido y efectivo al centrarse en cómo el problema se mantiene en el presente, utilizando estrategias específicas para alterar esos patrones. Este enfoque ha demostrado ser eficaz para una gran variedad de problemas, incluyendo la ansiedad, la depresión, los trastornos fóbicos y las dificultades relacionales, entre otros.

Cuando el miedo es una manera de pensar

Seguimos hablando del miedo de Ana a la gente. Intento llevarla de esa palabra tan general, «miedo», a las formas concretas que la asustan y que pasan por el rapto, la violación, el robo y el asesinato. Cabe recalcar que le cuesta mucho verbalizar esos miedos concretos.

—Esos miedos siempre han estado en mí... Toda la culpa recae en mis padres y..., bueno, en la televisión. Yo me creo todo lo que veo y me cuentan y así no puedo vivir. Me monto unas pelis en mi cabeza...

—No puedes vivir porque **estás en el futuro, uno catastrófico que crees que está pasando en el presente. Y al estar siempre en ese futuro se te escapa el presente, es decir, se te está escapando la vida.**

—Totalmente, se me está escapando... No puedo ni salir de casa.

Como suele ser habitual en la TBE recapitulo lo contado hasta el momento para enfocarme en el punto de inflexión que la ha traído a la consulta.

—Si lo estoy entendiendo bien, y si no, corrígeme, has nacido en una familia que te ha protegido mucho porque eres hija única y te han ido comiendo el coco con que debes estar siempre alerta y dudar de la gente, pues te pueden hacer daño. Pero hace diez días sucedió un episodio en el tren que te ha hecho pasar de la duda sobre la potencial peligrosidad de la gente a la certeza, y has sentido que realmente estabas en peligro. Ese suceso te ha hecho experimentar una ansiedad desconocida hasta ahora. Para calmar la ansiedad has pensado que la solución es encerrarte en casa, como cuando jugábamos de niñas, que cada vez que llegábamos a tocar «casa» nos salvábamos de que nos pillaran. «Casa» es tu solución, tu guarida para poder defenderte de la gente peligrosa...

—Exacto, imposible salir de mi casa... hasta hoy. Pero es que al final ni en casa me siento bien...

—Cuéntame más dejando de lado la vergüenza...

—Siento que aún me observan de alguna manera, vaya donde vaya...

—Pero tu solución para estar mejor es usar evitaciones defensivas: correr y casa...
—¡Y pensar! No paro de pensar en la forma de estar segura.

El miedo es la emoción más potente porque está conectado al instinto de supervivencia. Solo se convierte en límite incapacitante cuando supera un umbral funcional de activación, debido a los intentos fallidos de gestionarlo. Si percibimos una situación con ansiedad, que es el miedo excedido, nos provoca tres reacciones:

1. Huir y evitar.
2. Luchar y atacar.
3. Paralizar, es decir, bloquearte (pierdes el control y presentas los mismos síntomas de ansiedad como, por ejemplo, temblores, vómitos, mareos, pérdidas de consciencia, etcétera).

El miedo es una emoción básica y necesaria para nuestra supervivencia, pero, cuando es excesivo, no nos deja vivir en paz y se puede convertir en ansiedad.

Cuando una persona tiene miedo a nivel mental puede verse atrapado por:

- Dudas: ¿y si no va bien? ¿Y si pasa esto? ¿Y si...?
- Imágenes: la mente puede mostrarnos situaciones catastróficas, terroríficas, desagradables, aversivas o contrarias a nuestros valores.
- Pensamientos y certezas.

—Perdona, ¿con quién vives? ¿Eres soltera o tienes pareja?
—A mis veintitrés años aún estoy soltera y entre semana vivo con mis otros abuelos aquí, en Barcelona, es más cómodo y así ahorro...
—Y también más seguro, ¿no?

Ana asiente y sigo indagando sobre su experiencia e identidad sexual. Toda su comunicación no verbal delata inseguridad y vergüenza y aunque se declara bisexual dice sentirse más cómoda con mujeres.

Me confiesa que esa preferencia viene influenciada por su miedo. Una novia le da más seguridad.

—¿Crees que la sobreprotección de tus padres te ha debilitado o fortalecido?

—Me ha debilitado, pero, aun así, los necesito.

—De acuerdo. ¿Qué pasó hace diez días?

—Estaba en el tren de regreso al pueblo. Como siempre, reviso bien y elijo cuidadosamente mi vagón, evito a la gente y prefiero sentarme cerca de las mujeres... Parecía que iba a estar tranquila porque solo había una parejita de ancianos muy amables, pero justo antes de salir, subieron dos hombres vestidos de negro que parecían de origen paquistaní. Se sentaron en unos asientos alejados de mí, pero de tanto en tanto se giraban, me miraban, Júlia, hablaban y se reían...

—¿Y tú qué hiciste?

—Nada.

—¿Te quedaste paralizada?

—Sí, sin atreverme a mirarlos.

—¿No recuerdas qué hiciste en ese momento?

—No, la verdad es que no lo recuerdo.

—Intenta recordar...

Ana declara que tiene la capacidad de saber cuándo alguien la mira fijamente aun sin ella estar mirando a esa persona. El caso es que el miedo empezó a disparar tal cantidad de pensamientos que se quedó abrumada.

—Esos hombres en el tren me miraban, y sentí un miedo increíble. Mis pensamientos no tenían freno y no me dejaban respirar... Esos hombres, ahora, están en todas partes en mi cabeza, me los imagino en casa, escuchándome...

—¿Tenías miedo de que te hicieran daño solo a ti o también a todos los del tren?

—Solo a mí.

—¿Piensas que la gente puede causar daño a todos o solo a ti?

—Nunca lo había pensado de esa manera. Ahora que lo pienso... El miedo es solo hacia mí.

—¿Solo hacia ti o también hacia tu familia y seres queridos?

—Solo hacia mí... Es un poco egoísta, ¿verdad? Acabo de darme cuenta de que nunca he tenido miedo por los demás...

La paranoia y la omnipotencia suelen ir ligadas. La persona paranoica se cree el centro de los pensamientos de los demás y, aunque lo viva de forma persecutoria, colorea la situación de una cierta grandiosidad.

—¿Qué creías que te podían hacer esos hombres?
—Prostituirme, tráfico de personas. Siempre pienso en esto.
—¿En ese momento dudabas o creías totalmente que te iban a capturar?
—Lo creía totalmente y aún no me siento segura.

El miedo a que suceda una desgracia puede presentarse en forma de duda. Entonces entramos en esa espiral sin fin de pregunta-respuesta. Como en el episodio de Ana, la duda puede pasar a certeza, porque se creyó lo que sintió en ese momento. Esto nos indica que nos podemos estar enfrentando en vez de a un problema fóbico y obsesivo a otro de paranoia, porque las personas paranoides creen que el sentimiento valida el pensamiento. Es decir, aquello que sienten es real. No lo dudan como en el caso de María, sino que tienen la convicción. Esta ecuación me recuerda a lo que en su día dijo Bertrand Russell: **una vez que una persona cree que una cosa es verdad, independientemente de que lo sea o no, reacciona como si lo fuera.**

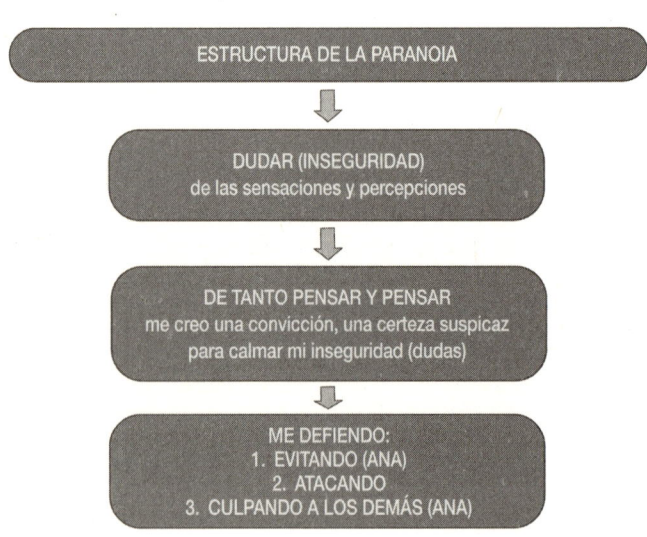

—¿Más en concreto qué crees que te podrían hacer esos hombres?
—Secuestrarme para explotación sexual o venta de órganos... Al principio, pensé que podrían golpearme o drogarme y cogerme. Pero luego, la ansiedad aumentó cuando uno de ellos sacó el móvil. Estoy segura de que me estaban grabando para ficharme y secuestrarme... Me llevó tiempo desactivar el bluetooth, pero creo que, si son profesionales como mi padre, podrían haber accedido a mi teléfono y mis aplicaciones para vigilarme. Entonces, cuando llegó mi parada, salí corriendo, me senté frente a los de seguridad y llamé a mi abuela para que me recogiera. Mis padres estaban trabajando... Mi abuela es como ellos. Siempre dice «Cuidado que viene el lobo...», así que dejó lo que estaba haciendo para venir a por mí... Yo estaba para llamar a una ambulancia, Júlia... Pero en mi casa... ¡Hay que evitar a los médicos! ¡No vamos a consulta ni aunque nos estemos muriendo!
—Me siento muy halagada de que hagas esta excepción conmigo, porque yo también soy sanitaria.
—Venimos porque ayudaste a Claudia.
—¿Venimos? —Miro como ella ha hecho al inicio de la sesión, como si hubiera venido acompañada de alguien que yo no viera, pero está—. Entiendo, Ana, que ahora no sales de casa y no vas a la universidad porque tienes miedo de encontrarte a esos hombres.
—Exacto. Hoy he hecho la excepción viniendo aquí, porque Claudia me ha explicado que si sigo evitando todo empeorará...
—Pero disculpa, Ana, ¿cómo sabes con certeza que estos hombres aún te buscan o te quieren coger?
—La verdad es que no lo sé... Lo creo y ya.
—Y en casa, ¿por qué no logras estar bien?
—No descanso porque esos hombres y mis miedos me persiguen... He tenido sensaciones extrañas, como si me estuvieran vigilando...
—¿Oyes cosas como si fueran externas, cosas que crees que solo oyes tú?
—No, no desde fuera, pero no paro de escuchar mi mente...

Ana se lleva las manos a la cabeza y se tapa los oídos.

—¿Dirías que no te quitas estos pensamientos durante todo el día o tienes algún momento de tregua?

—Son peores por la tarde y la noche, pero te diría que estoy así todo el día. Casi cancelé la visita porque no me veía capaz de venir.

Esta es la dinámica que padece Ana. A través de los sentidos percibe una realidad de la que desconfía, pues prevé una posible amenaza de daño. Frente a ello reacciona defendiéndose y evadiéndose de la realidad y, de esta forma, confirma su creencia de que no le pasa nada porque se defiende y se protege de esa realidad amenazante.

Los temas comunes que presentan en consulta personas con paranoia son los siguientes: sensación de amenaza, peligro de agresión, miedo a ser ridiculizados y humillados, pensar que son víctimas de una injusticia, etcétera. **Sienten una especie de egocentrismo** en el que todo lo malo gira en torno a ellas, todos los observan con malas intenciones, son el centro de las miradas... Están siempre alerta, como si sintieran que nunca están solas. Y no paran de pensar y de comerse el coco sobre cómo pueden actuar de la forma correcta, qué deben hacer, buscando encontrar una explicación que las ayude a tomar decisiones. Pero pensar es una solución fallida, porque solo hace que cuanto **más busquen la certeza, más inseguras se sientan**.

Las emociones que experimentan estas personas suele ser miedo y rabia, pero otras, como nuestra paciente, presentan vergüenza.

Frenar la paranoia

—Ana, tengo suficiente con todo lo que me has contado hoy como para decirte que puedo ayudarte y que en poco tiempo resolverás tu problema.

—Eso espero...

—Antes de nada debes saber que no podemos cambiar ni a tus padres ni las noticias ni esta sociedad donde existen personas que, en efecto, son depredadoras. Ten presente que la terapia no va a solucionar tu problema manteniéndote en un rol de víctima o haciéndote creer que no hay personas malvadas que gozan y disfrutan del sufrimiento humano.

—Yo parezco poquita cosa, mira qué menuda y delgada soy, por eso me da más miedo todo, porque soy un objetivo fácil para los delincuentes, que saben que «en el bote pequeño está la buena mermelada». Eso me lo ha dicho siempre mi madre.

—Sí, pero no sé si sabías que también se dice que en el bote pequeño está el buen veneno, así que cuidadito...

—Bueno, un poco malilla con las personas de mi casa sí que puedo ser, pero con los de fuera no soy nadie.

—Bien, debes saber que tu miedo te está provocando un tipo de ceguera que te desprotege. El miedo no te deja ver. Cuando miras el mundo te asustas porque solo eres capaz de distinguir las señales que confirman tu miedo.

—Es que pienso siempre cosas malas de la gente.

—Sin embargo, esta ceguera es la que te pone realmente en peligro. Por tanto, debes dejar de hacer el avestruz... ¿Sabes qué hace el avestruz cuando ve al guepardo?

—No.

—Tiene tanto miedo que esconde la cabeza bajo la arena, con ello consigue que su depredador no tenga ni que molestarse en correr para comérselo.

—Quieres decir que me comporto como ese avestruz. No dejo de esconderme o de correr por miedo... Tengo esa sensación en el cuerpo, te juro que es muy real.

El miedo es un escollo serio. Aunque le indique a Ana «Sé que te da miedo, pero hazlo con miedo», no sería en absoluto fácil para ella. A la mayoría de los pacientes les gustaría afrontar su miedo, pero no pueden. Les gustaría mostrarse colaboradores en la terapia, pues, en el fondo, saben lo que deben hacer. Si nos piden ayuda es justamente porque presentan resistencia al cambio: quieren, pero no pueden.

En este momento de nuestro diálogo la estrategia terapéutica es generarle un miedo mayor. Trato de poner en evidencia que sus intentos de solución disfuncionales resultan tan vanos como la técnica de supervivencia del avestruz.

A nivel clínico, Ana presenta un cuadro que psiquiátricamente tiene el nombre de manía persecutoria, trastorno delirante o de paranoia. No deja de pensar en situaciones en las que la persiguen y amenazan, y esos pensamientos pasan a ser creencias, por lo que se siente en peligro allá donde va. A su vez, esa sensación de peligro dispara pensamientos sobre cómo protegerse y defenderse.

Si recordáis el caso anterior, María sufría pensamientos obsesivos, en cambio Ana experimenta pensamientos paranoides. Llegados a este punto quiero explicaros mejor **la diferencia entre una obsesión y una paranoia:**

1. **Obsesión:**
    - Una obsesión se refiere a pensamientos, impulsos o imágenes no deseados y persistentes que causan una ansiedad significativa o malestar.
    - Las obsesiones suelen ser intrusivas y difíciles de controlar y, a menudo, están relacionadas con temas como la limpieza, la seguridad, la simetría, el miedo a perder el control, a las enfermedades o a morir, etcétera.
    - **Las personas intentan no pensar en las obsesiones cayendo en la psicotrampa de que intentar no pensar es pensar.**

- Las personas con trastornos obsesivo-compulsivos (TOC) experimentan obsesiones recurrentes y pueden desarrollar rituales o comportamientos compulsivos para tratar de aliviar la ansiedad asociada con las obsesiones.

2. **Paranoia:**
- La paranoia surge cuando una persona está convencida de que las cosas irán mal y, frente a esta percepción, reacciona defendiéndose o combatiendo de manera anticipada y desproporcionada. Es como Don Quijote, quien combatía gigantes que en su mente resultaban amenazantes, pero que en realidad no eran más que inofensivos molinos de viento.
- Hay diferentes tipos de paranoias. Uno es la paranoia de persecución, por el que las personas pueden creer que están siendo perseguidas, vigiladas o manipuladas de alguna manera por otros, a pesar de la falta de evidencia o pruebas concretas que respalden estas creencias.
- **Las personas no paran de pensar cayendo en la psicotrampa del efecto película** (lo veremos en el siguiente capítulo).
- La paranoia puede ser síntoma de varios trastornos psiquiátricos como la esquizofrenia, el trastorno delirante o el trastorno paranoide de la personalidad.

Ana podría estar sufriendo delirios, lo cual indica un nivel de mayor gravedad que la paranoia. De hecho, **los delirios son creencias fijas e inamovibles claramente falsas o improbables, pero que la persona sostiene con firmeza incapaz de cambiar por argumentos racionales.** Al final, a través del diálogo estratégico concluyo que no parece estar inmersa en un delirio, sino más bien en el nivel de paranoia. Este diagnóstico lo avala el que durante el diálogo ha dejado que cuestionase sus creencias y ha mostrado dudas hacia su imaginación, su pesimismo y negatividad exagerada. En cambio, si fuera una persona delirante, mantendría siempre el discurso. Las personas delirantes, si se sienten cuestionadas, se enfadan o se bloquean totalmente, y no es el caso de Ana.

Así pues, el comecocos de Ana tiene una dinámica a la que le llamamos paranoia. Desde la TBE haremos una intervención para pasar de la paranoia a la obsesión y luego resolveremos la obsesión. En la mayoría de los casos, después de solventar la paranoia y luego la obsesión nos encontraremos con la duda patológica. La dinámica de la duda patológica suele ser la chispa que enciende todo este gran fuego, así lo he observado en mi práctica clínica. Se presenta como una duda inofensiva, y nos parece pertinente pararnos a pensar sobre ella. Pero si caemos en su trampa comenzará el circuito de comernos el coco en busca de la respuesta a una duda irresoluble. No tiene solución porque se sitúa en un futuro que desconocemos o elucubra sobre una persona, y no poseemos la capacidad de leer las mentes de los otros ni tampoco de predecir el futuro. En definitiva, la duda patológica dispara un circuito que hace que nos descontrolemos, lo que nos lleva al sufrimiento que nos genera pensar demasiado.

Observamos cómo Ana intenta solucionar la ansiedad persecutoria y los pensamientos negativos que la acosan aplicando soluciones que no funcionan. Las principales que detecto en esta primera sesión son:

1. **Evita de forma defensiva.** Ana cree que está en peligro y busca esconderse en su casa. Huye siempre que puede ante las situaciones en que se siente en peligro, o bien las evita, o bien huye, principalmente corriendo. Cada vez que aplica estas formas defensivas, evitativas y de huida, reafirma que vive en una realidad peligrosa.
2. **Demandas de protección e ir acompañada.** Cada vez que la ayudan en un primer momento se siente querida y validada emocionalmente, pero también siente que no es capaz de hacer las cosas por sí sola y su inseguridad crece.
3. **No para de pensar.** En esto muestra una gran diferencia del caso de María. La mente de María le mostraba imágenes y dudas, y ella quería dejarlas de pensar sin éxito. Ana no lucha por intentar no pensar, sino que se mete en la película y va reviviendo las escenas constantemente como

para verificar que, en efecto, está en peligro, y que defenderse de forma preventiva es lo mejor que puede hacer.
4. **No habla de su problema, solo a su entorno más cercano y para buscar protección y auxilio.** Al callar, refuerza cada vez más la conexión entre sus pensamientos imaginarios y fantasiosos. En cambio, si expusiera sus temores a personas diferentes, tendría pareceres e informaciones contrastadas. Por ejemplo, ante el miedo al secuestro le harían ver que en nuestra sociedad se dan muy pocos casos de secuestros, es decir, que este es un miedo infundado.

En el caso de Ana, sus soluciones son estas que acabamos de ver: defenderse de manera anticipada —o bien evitando, o bien huyendo—, pensar obsesivamente para verificar la creencia estableciendo un circuito cerrado pensamiento-percepción-sensación, pedir protección e ir acompañada de los demás y no comunicar. En los casos de paranoia también encontramos con frecuencia otras soluciones:

1. **Atacar para defenderse.** Al percibir a una persona como peligrosa reacciona de forma violenta verbal o físicamente.
2. **El delirio.** Es la forma de máxima gravedad provocada por pensar demasiado. Hay dos caminos para llegar al delirio: uno progresivo, donde la persona pasa de la duda patológica a la obsesión, y de allí, a la paranoia y luego al delirio. O bien de manera directa, por padecer una situación de estrés agudo. Un delirio es una creencia falsa y firme que se mantiene con convicción a pesar de la evidencia en contra y que es incompatible con la realidad.

En el caso de Ana, que como hemos dicho presenta paranoia, podría llegar a construir delirios persecutorios, debido a que mantiene una creencia inflexible y errónea de que está siendo acosada, seguida, engañada espiada o perseguida de alguna manera. Las personas que sufren delirios persecutorios están convencidas de que hay fuerzas malintencionadas obrando en su contra, a pesar de la falta de pruebas concretas. Este tipo de delirio es particularmente torturador, pues puede provocar un miedo intenso y constante y conducir a un comportamiento defensivo o de confrontación. Las personas que llegan a delirar en algún momento de su vida padecen una elevada ansiedad, paranoia aguda y algún tipo de trastorno psicótico o esquizofrenia.

Prescripciones para desactivar al comecocos de los miedos

Me dispongo a darle a Ana las prescripciones que deberá hace a partir de hoy:

—Cada día por la mañana, antes de empezar la jornada, debes escribir todas las profecías catastróficas que creas que te van a ocurrir durante ese día. Por la noche, relees lo que habías escrito por la mañana y si, por desgracia, se ha cumplido algo, lo marcas.

—¡Ay! Espero que no.

—Cada mañana escribe todas tus profecías catastróficas. Por ejemplo: que sales de casa y te encuentras a los mismos del otro día del tren y van a capturarte, que te graban... Escribe todos los miedos que crees que te asaltarán durante todo el día. Deja la hoja en casa y, por la noche, comprueba y verifica si han ocurrido o no.

—Vale. Estoy apuntando el ejercicio... ¿Qué más debo hacer?

—Desde hoy mismo hasta que nos volvamos a ver, tienes que salir a la calle como mínimo una hora al día y sola.

—¡Una hora es muchísimo!

—Una hora de reloj. Siempre que salgas de tu casa, igual que hoy al abandonar la consulta, debes mirar a todas las personas, tanto niños, adultos y ancianos, hombres y mujeres. Obsérvalos con atención y cualquier señal que observes que te haga desconfiar anótala en una libreta o en tu móvil. Debes hacerlo justo en el momento en que está sucediendo y mediante un registro claro y fiable que responda a todos estos datos: fecha, hora, lugar, tipo de

persona, señal de desconfianza, qué te hace pensar la señal, es decir, qué mal crees que te puede causar. Puntúa del uno al diez el grado en que te crees tu pensamiento sobre esa señal que observas de esa persona y, por último, anota qué se te ocurre hacer frente a esta amenaza.
—¡Me voy a pasar el día escribiendo!
—Puede ser, ya veremos.
—Pero si ese día me encuentro bien y estoy distraída con el trabajo y eso...
—Aunque estés bien debes hacerlo. Esto es como tomarte un antibiótico, pero sin contraindicaciones de ningún tipo. Ninguna contraindicación y toda la efectividad. Pero debes hacerlo con la frecuencia y en la dosis que te digo.
—Continuamente estoy como desdoblada y preocupada por lo que podría ocurrir.
—En la medida de lo posible y durante el día, es mejor que te mantengas ocupada que preocupada. Y yo sé que aún no eres capaz de parar tu imaginación, pero cuando no dejes de pensar quiero que imagines que estás sufriendo más por lo que imaginas que por lo que sucede realmente. ¿De acuerdo? ¡Nos vemos en quince días!

NOTAS DEL CUADERNO DE ANA:

- Sufro al montarme pelis, soy guionista de crímenes que Júlia llama profecías catastróficas. Me he dado cuenta de que es mi imaginación, porque no me ha pasado nada de lo que creía que me podría ocurrir. Y entonces ¿por qué me preocupo?
- Mis sensaciones y mis creencias puede que no sean reales y que todo sea mi imaginación. Tengo que valorar los hechos objetivos y no dejarme llevar tanto por lo que siento y pienso.
- Los medios de comunicación y las redes exageran, lo que agrava mi miedo y mi desesperanza. No puedo creer que todo lo que escucho negativo vaya a sucederme.

- Parálisis por análisis: el miedo al futuro me bloquea la acción presente.
- Debo mover mi atención de la preocupación a la ocupación efectiva. Ocuparme es el antídoto de preocuparme.
- Si no dejo de comerme la olla, mi angustia puede empeorar.
- No puedo cambiar ciertos aspectos externos de la vida, pero sí a mí misma.
- Seguir evitando, pidiendo protección y pensar sin parar cosas horribles no es la solución. Además, no hablarlo con casi nadie lo empeora, porque de hacerlo me dirían que imagino cosas y que no es real y me sentiría mal...
- Que sea baja no quiere decir que no sea fuerte.
- Ante una situación en la que me sienta vulnerable debo decirme «La confianza es mi escudo protector».

Prescripciones que debo llevar a cabo:

Ejercicio de profecías catastróficas: Júlia me ha dicho que apunte por la mañana todo lo negativo que creo que va a pasar durante el día y que lo compruebe por la noche. Esto seguro que me lo da para que me dé cuenta de que la mayoría de las cosas que me preocupan no suceden y que pierdo el tiempo pensando demasiado, pero es que no lo puedo evitar.

Ejercicio señales de confirmación de la creencia: me da cierto miedo mirar a la gente porque no pararé de encontrar personas que me horroricen. Por una parte, me aterra hacerlo, pero voy a probar aunque me asuste. Debo atreverme a mirar a la gente, la mirada como protección, la mirada como escudo protector.

Fecha	Hora	Lugar	Persona	Señal de desconfianza	Lo que me hace pensar	Grado de creencia (1-10)	¿Qué se me ocurre hacer?
4 de marzo	8.30 h	calle	Hombre afgano, creo de unos cincuenta años	Su piel, que va vestido de negro, que no es de aquí y habla con un amigo parecido	Que hablan de mí, traman algo	8	Hacer «caco» (alternar caminar y correr) disimuladamente, tengo que conseguir que no me vea e irme, quiero desaparecer, hacerme invisible.
4 de marzo	15 h	tren	Hombre mayor de unos cuarenta años	Había otros sitios para sentarse y justo se sienta a mi lado	Que quiere tocarme o mirarme de cerca para captarme para una red de tráfico de personas	9	Aguanto como me ha indicado Júlia, pero luego, en vez de huir del tren, me levanto y me siento en otro vagón muy disimuladamente entre mujeres.

Sexta psicosolución

«Sudar» los pensamientos obsesivos.

Frase-antídoto:
«Muevo mi cuerpo para frenar mi coco».

El movimiento se demuestra andando dice el refrán. Y yo añado: y el equilibrio sudando.

J. Pascual

No te creas tanto lo que piensas... Los pensamientos son solo eso, pensamientos; pueden no tener nada que ver con la realidad. No te creas tanto lo que sientes... Las sensaciones son solo eso, sensaciones; pueden no tener nada que ver con la realidad.

El caso de Ana nos ilustra cómo hay personas que establecen un circuito de equivalencias erróneo. Educada en la desconfianza, todo lo que percibe lo siente como una amenaza a su integridad física. Cada vez que se expone a un entorno diferente al que considera seguro, todo y todos se vuelven amenazantes, y eso hace que los perciba como peligrosos. La percepción de cualquier extraño la hace sentirse en peligro y esto la lleva a pensar que está en peligro. Así, el circuito del pensamiento preestablecido «Todo lo que es ajeno resulta peligroso» alimenta una percepción condicionada que, a su vez, genera una sensación que dispara pensamientos que refuerzan la idea de que está en peligro. Para Ana, sus pensamientos tienen estatuto de realidad, pues se basan en lo que siente. Todavía es incapaz de entender que funciona en un circuito cerrado que se retroalimenta.

Cuando nos comemos el coco durante demasiado tiempo perdemos el contacto con la realidad, a la que sustituimos progresivamente por esa hipótesis a la que no paramos de darle vueltas. Funcionamos, de forma literal, como espectadores de una película. Seguro que has tenido la experiencia de ver una película tan bien hecha que, aunque supieras que es una ficción construida, reaccionaste como si fuera una realidad: no te podías separar de lo que estabas viendo, sintiendo y pensando. Si, por ejemplo, vemos una película dramática, puede hacernos llorar, y ese llanto es real, son lágrimas físicas que nacen de una emoción real producida por una historia ficticia. Y aunque te recuerdes «Estoy viendo una película y esto no ha pasado nunca, es una ficción...», muchas veces resulta insuficiente para dejar de sentir lo que se siente. La película te ha atrapado. Y por mucho que te digas «No quiero llorar», no puedes parar de hacerlo. Creo que es una experiencia por la que todos hemos pasado: tenemos una sensación real de algo irreal.

Pues así es como funciona comerse el coco durante mucho tiempo; aunque es la elucubración de una fantasía, nos genera sensaciones reales y nos hace creer que lo que pensamos es cierto, o va a ocurrir, o, incluso, que ya ocurrió en el pasado.

Para Ana la película siempre es de terror, pues vive con una continua sensación de amenaza y estrés agudo. La película es más fuerte que Ana, es decir, sus pensamientos se imponen, vive una realidad persecutoria.

Entonces ¿qué hay que hacer?

Con la analogía de ir al cine la respuesta parece muy sencilla y obvia, pero en la práctica no lo es tanto. Lo primero que podemos pensar es entonces no ir al cine, no exponernos a situaciones en las que podamos comernos la cabeza con películas que no existen. Y esto sería lo más idóneo... Pero, a veces, sin querer, entramos en películas que no son nuestras, como cuando vemos las noticias en la tele o cuando una amiga te traslada sus preocupaciones y sus miedos. Un alto porcentaje de los pensamientos que genera la mente de forma autónoma son de índole negativo. Así que entre los estímulos exteriores y la propia producción de pensamientos negativos recurrentes sin darnos cuenta podemos estar enganchados a una película que nos carcome, aunque no tenga fundamento alguno. Para las personas que tienden a comerse el coco, pensar sin escribir lo que se está pensando es muy peligroso. Por el contrario, escribirlo es la manera estratégica de dominar la película y cortarla a tiempo.

Y es que, cuando no sabemos discriminar si aquello en lo que nos ponemos a pensar puede derivar en una película, la escritura es el dique antes de que confundamos la fantasía con la realidad. El objetivo es que no perdamos perspectiva estratégica y ejecutiva de acción en el presente. Para pensar lo justo y necesario, ni mucho ni poco, lo mejor es siempre darnos cuenta de qué pensamos, y no hay mejor manera que ponerlo por escrito.

Así, entrenamos lo que se llama la metacognición, que es reflexionar sobre los propios procesos cognitivos, es decir, sobre cómo pensamos, aprendemos y resolvemos problemas. Es la capacidad de ser conscientes y tener conocimiento de nuestros propios procesos mentales, así como de regular y controlarlos para mejorar el rendimiento cognitivo. La metacognición juega un papel crucial en el aprendizaje y la resolución de problemas, ya que nos permite ser conscientes de cómo abordamos una tarea y de esta forma identificar posibles obstáculos o errores, y tomar medidas para corregirlos o mejorar nuestro desempeño.

La escritura terapéutica nos ofrece una herramienta poderosa para distanciarnos emocionalmente de nuestros pensamientos, permitiéndonos observarlos desde fuera una vez que están plasmados en el papel. Este acto no solo nos hace más conscientes de la naturaleza y la velocidad de nuestra mente errante, sino que también provoca un cansancio beneficioso. Al verter nuestros pensamientos cíclicos y obsesivos en palabras escritas, a menudo nos agotamos de ese mismo ciclo repetitivo y, por consiguiente, de la tendencia a sobreanalizar.

La escritura proporciona una nueva perspectiva, una ventana a través de la que observar nuestros pensamientos desde un ángulo diferente, facilitando la relativización. Lo que en nuestra mente era una montaña insuperable, escrito y observado desde fuera a menudo se reduce a un obstáculo más manejable. Esta práctica disminuye la rumiación y refuerza nuestro enfoque en la acción y la solución.

Naturalmente, surge la pregunta ¿podríamos realmente pasar todo el día escribiendo nuestros pensamientos? Al experimentar el agotamiento que proviene de escribir, reconocemos la naturaleza abrumadora de nuestro diálogo interno. Este reconocimiento es el primer paso hacia una gestión estratégica de nuestros pensamientos, llevándonos a buscar formas más eficientes de procesar y, eventualmente, de actuar.

Qué podemos hacer los demás para ayudarlos

En otros capítulos hemos visto cómo si nos prohibimos deliberadamente, esa misma prohibición genera con el tiempo un deseo cada vez más fuerte por aquello que nos hemos prohibido. Un «no» puede ser muy contraproducente, pues a la larga refuerza el concepto negado. Por ejemplo, una película que se titula «¡No tengas miedo!» hará que automáticamente nuestro cerebro interprete que vamos a tener mucho miedo.

Es habitual que la gente, con buena intención, les diga algo parecido a las personas como Ana: «No tengas miedo», «No va a pasar nada de lo que piensas» y, obviamente, no sirve de nada, pues sus mentes se ponen todavía más en alerta. Por ello, si os encontráis con alguien que sufra en estos parámetros, os recomiendo más decir «Sé que lo vas a hacer con miedo, pero hazlo», «Piensa en tu miedo como en tu sombra, te sigue pero no te impide avanzar», «Sé que te costará hacerlo, envíame un whatsapp cuando lo logres, quiero compartir tu llegada a la meta».

Otra de las cosas que podemos hacer por esa persona que se come el coco y a la que apreciamos y queremos ayudar es **acompañarla en la acción**. Veréis de lo que hablo mientras continuamos con el caso de Ana.

Poner a sudar al comecocos hace la vida más ligera

—Hola, Ana, ¿cómo han ido estos días?
—Bien, mejor... He salido a correr los fines de semana.
—Entonces has tomado la medicina que te prescribí.
—¿Medicina? No me mandaste ninguna medicina.
—La mejor medicina es el deporte, Ana. Para que entienda claramente la salud mental le propongo la imagen de un taburete, donde las tres patas sostienen en equilibrio el asiento.
—Verás, Ana, la salud mental es como un taburete. Necesita tener sus tres patas bien cuidadas para no caer: una es la pata social, es decir, que tengas tus necesidades básicas cubiertas (un hogar, vínculos familiares y de amistad, trabajo, etcétera). La segunda es la psicológica, que es la que trabajamos aquí, esta te permite aprender a gestionar tus pensamientos y sensaciones para una mejor actuación, unas reacciones más adaptativas que te hagan sentir mejor y que te permitan construir y avanzar.
—Esa pata está bastante flojilla y hace tambalear al resto...
—Para eso estamos aquí, Ana, y con nuestro trabajo la vas a fortalecer. Luego hay una tercera pata que es la orgánica, la parte que compete a tu salud física. Cada pata depende de las otras, ya que, si físicamente tienes un déficit, por ejemplo, de vitamina D, eso afectará negativamente a tu estado de ánimo y puede generar ansiedad y depresión, es decir, afectará a tu pata psicológica; a su vez ese estado influirá en la pata social porque, con menos energía vital y emocional, quizá no tengas tantas ganas de salir con tus amigas. ¿Ves cómo funciona?

Ana parece entender que las unas dependen de las otras y que, dentro de nuestro trabajo psicológico, también es importante que revise el estado de su organismo. Se compromete a pedir a su médico una analítica completa, pues probablemente tiene déficit de vitamina D y debe tomar un complemento alimenticio.

—Nos importan mucho tus niveles porque el problema que has traído a consulta, tu manera de funcionar, nos está indicando que tu cerebro establece una relación bioquímica perjudicial entre las neuronas que hemos de cambiar. Y lo haremos con las pautas psicológicas y, además, nos ayudaremos generando una bomba bioquímica para establecer nuevas conexiones neuronales...

—¿Una pastilla?

—La medicación psiquiátrica es una herramienta, pero no me refería a eso. Hay algo muy potente que puedes hacer siempre, que constituye un hábito saludable y sin contraindicaciones... Te doy una pista...

—Sí, por favor.

—Lo mejor para frenar el coco es... mover el cuerpo. Yo siempre predico: «Si quieres menos runrún, haz más *run, run*».

Las dos nos reímos.

—Por eso me mandaste correr.

—Apenas empiezas a moverte, todo lo que hay en tu cabeza se para. Cuanto más canses tus piernas, más descansará tu cabeza. A más movimiento, menos preocupación. No conozco mejor prescripción para bajar tu percepción de amenaza y tu estrés negativo que esta. Si quieres que se vayan los pensamientos que te persiguen, deberás sudarlos. ¡Debes sudar tus pensamientos obsesivos!

—Entonces cuando sudo estoy eliminando también mis pensamientos.

—Exacto, y debes saber que lo has hecho muy bien estos días porque los beneficios se duplican si encima haces el ejercicio al aire libre, en pleno contacto con la naturaleza.

Lo que le explico a Ana es un hecho constatado: **el ejercicio físico por sí solo tiene la capacidad de reducir el ruido mental.** Practicarlo es un poderoso aliado de la salud mental, y no implica apuntarse a un gimnasio o tener que hacer un deporte determinado, simplemente consiste en movernos más y estar activos. Las posibilidades del ejercicio físico son tan amplias como tú quieras, suave o intenso, solo o en grupo. Es la manera más sencilla y efectiva de liberarte del estrés y la ansiedad mientras conectas con una sensación de libertad pura. El ejercicio físico libera endorfinas, la sustancia química que te hace sentir una oleada de felicidad y euforia.

En el caso de Ana, que ya de por sí corre a todas partes para evitar estar en contacto con el mundo exterior, le he prescrito el ejercicio de correr porque estratégicamente la ayuda de diversas maneras. Cuando corremos, no solo nos llenamos de energía positiva, también remodelamos la bioquímica cerebral. Nuestros neurotransmisores, esos mensajeros del cerebro responsables del estado de ánimo y la motivación, se ponen en marcha. La serotonina, la dopamina y la noradrenalina se elevan, produciendo una sensación de calma y enfoque que nos hace sentir armónicos.

Otro de los beneficios importantísimos en este proceso de calmar el coco a base de sudar es el descanso. Correr proporciona un descanso profundo y reparador que renueva tu mente y tu cuerpo. Un buen descanso es imprescindible para una buena salud física y mental.

De manera estratégica, el ejercicio también contribuye a construir autoestima y confianza. Cada kilómetro recorrido es una demostración de fuerza interior y determinación. Cuando superamos el cansancio, ganando resistencia, nos damos cuenta de lo fuertes que podemos llegar a ser.

Repito que cualquier actividad física que elijamos puede ser el ancla que nos sujete cuando la mente se ha entregado a un torbellino de pensamientos y preocupaciones constantes. **Por eso, sudar los pensamientos obsesivos es tan importante y decisivo: la actividad física frena el ruido mental y la inactividad lo aumenta.**

Y como a veces la pereza tira de nosotros, no está de más leer y releer los principales beneficios de hacer ejercicio. Empezaremos por los **beneficios psicológicos:**

1. **Reducción del ruido Mental y la rumiación.** Cada zancada, cada golpe de raqueta, cada movimiento te sumerge en un estado de flujo donde los pensamientos negativos se desvanecen y la mente se libera de la carga del pasado y del futuro. El deporte te ancla en el momento presente, disipando el ruido mental y la rumiación que te impiden disfrutar de la calma y la claridad mental.

2. **Aumento del bienestar emocional.** Al liberar endorfinas y otras hormonas del bienestar durante el ejercicio, experimentas una oleada de positividad y alegría que se extiende mucho más allá de la cancha o la pista. El deporte te conecta con emociones positivas y te ayuda a gestionar el estrés y la ansiedad de manera más efectiva.
3. **Potenciación de la confianza y la autoestima.** Cada logro, grande o pequeño, en el campo de juego es un recordatorio de tu fuerza y capacidad para superar desafíos. A medida que cruzas la línea de meta o alcanzas tu objetivo, la confianza en ti mismo se dispara y tu autoestima se eleva, recordándote que eres capaz de enfrentar cualquier obstáculo que se interponga en tu camino.

Y, por supuesto, los **beneficios físicos y neuroquímicos:**

1. **Calma la mente y fortalece el cuerpo.** El ejercicio físico no solo tonifica tus músculos, sino que también fortalece tu sistema nervioso, proporcionándote una base sólida desde la cual enfrentar los desafíos diarios con serenidad y determinación.
2. **Neurotransmisores del bienestar.** Cada sesión de ejercicio libera una avalancha de neurotransmisores del bienestar, como la dopamina, la serotonina y el factor neurotrófico derivado del cerebro (BDNF), que mejoran tu estado de ánimo, aumentan tu resistencia al estrés y potencian tu capacidad para aprender y recordar información.
3. **Silencia el ruido mental y deja espacio para la paz interior.** Con cada respiración profunda y cada movimiento fluido, el deporte te invita a dejar atrás las preocupaciones del pasado y las ansiedades del futuro, sumergiéndote en un estado de calma y tranquilidad donde la mente encuentra reposo y renovación.

En busca del equilibrio

Hay algunas personas que creen que el ejercicio físico, al producir cansancio, implica una pérdida de energía. Pero es justo al contrario, gracias a este ganamos energía y vitalidad. Recordemos que cuando sufrimos episodios de estrés agudo resulta fundamental que energéticamente estemos muy bien. Reponemos nuestra energía de tres formas:

1. Mediante el sueño.
2. Comiendo.
3. Haciendo deporte.

Es esencial que estas tres actividades estén armonizadas para gozar de una buena salud física y mental. Por ello, cuando nos sentimos agotados, con toda seguridad uno de estos tres aspectos se encuentra en déficit. Por ejemplo, si estoy estresado y nervioso porque tengo un examen, seguramente los días previos he apurado tiempo de estudio y no he hecho deporte y he dormido poco, lo cual ha aumentado mi apetito y provocado que coma más para tener energía. Compenso con la comida el déficit de sueño y ejercicio, desequilibrando mi armonía general.

Si bien estos tres aspectos son los básicos para el equilibrio de una mente agitada, quiero destacar también el poder curativo y de sanación que tiene estar **en contacto con la naturaleza**. Son muchos los beneficios que nos brinda la naturaleza y, en concreto, nos ayuda a mantener la mente libre de rumiaciones gracias a:

- **El descanso mental.** El tiempo y los estímulos de un entorno natural desaceleran el frenesí del pensamiento. La naturaleza nos ofrece armonía, lo cual contribuye a nuestra calma interior.
- **El anclaje en el presente.** Todo en la naturaleza es presente. Al centrarte en los sonidos, los olores y las sensaciones del entorno natural, te encuentras completamente inmerso en el aquí y ahora. La naturaleza, pues, te invita a regresar al

momento presente, por lo que la rumiación y la preocupación pierden su poder.
- **La perspectiva renovada y el aumento de la creatividad.** Al dejar atrás las preocupaciones y los pensamientos repetitivos, ganas una nueva perspectiva sobre tus desafíos y problemas. La vastedad y la belleza de la naturaleza te recuerdan la insignificancia de tus preocupaciones en comparación con la grandeza del universo.
- **La conexión trascendente.** La naturaleza te conecta con algo más grande que tú y te ayuda a dejar de lado las preocupaciones personales. Ante la presencia majestuosa de las montañas, la inmensidad del mar o la quietud de un bosque, te sientes parte de algo más grande y significativo.
- **La renovación anímica.** Todos los factores anteriores restan peso a tus pensamientos recurrentes y suman paz a tu ánimo. Algunos poetas han acuñado la expresión «baños de bosque», y es que verdaderamente el estar inmerso en la naturaleza produce una sensación de limpieza y renovación incomparable.

En nuestra siguiente sesión Ana me sonríe desde su silla. Realmente su mirada ya no es tan huidiza como en nuestro primer encuentro. Aprovecho para explicarle la historia de los seis mineros:

—Había una vez seis mineros trabajando en un túnel profundo en el que quedaron atrapados por un derrumbe que selló su salida. En silencio y con una mirada, evaluaron su grave situación: tenían, como máximo, tres horas y media de oxígeno. Sabían que desde fuera intentarían rescatarlos, pero ¿llegarían a tiempo?

»Para conservar el aire, decidieron minimizar cualquier esfuerzo físico, apagaron las lámparas y se tumbaron inmóviles en el suelo. En esa oscuridad completa, solo uno tenía un reloj, que se convirtió en el referente temporal del grupo, aunque las constantes preguntas sobre el tiempo incrementaban la ansiedad colectiva.

»El líder, consciente de que la ansiedad podría consumir más rápido el oxígeno, le dijo al que tenía el reloj que informara solo cada media hora. En el primer aviso de que había pasado media hora generó un murmullo de angustia. Al notar el peso de su tarea, el hombre del reloj decidió mentir en las siguientes actualizaciones para aliviar el sufrimiento de sus compañeros, estirando el tiempo real en sus comunicados.

»Continuó con su estrategia hasta que por fin los rescataron después de cuatro horas y media. De los seis, cinco fueron hallados con vida; solo uno murió, el que controlaba el reloj. ¿Entiendes lo que pasó?

—Que mentir no está bien porque luego la palmas. —Se ríe.

—¿En serio solo deduces eso?

—Me hace reflexionar de si era correcto o no mentir... Creo que a veces es necesario, como en estos casos, porque los demás se relajaron al no saber la verdad y eso funcionó. ¡Los salvó!

—Exacto, las creencias tienen más poder de lo que pensamos. Lo que creas te puede salvar la vida o quitártela. Pero bueno, cuéntame, ¿cómo te encuentras?

—¡Creo que he mejorado mucho!

—Me alegro, Ana. Pero, aunque te encuentres mejor, quiero que cada mañana sigas poniendo por escrito todas las profecías negativas que te asaltan, todos esos temas que te preocupan tanto.

—La verdad es que, por la noche, cuando las releo para marcar las que se han cumplido, me siento bastante ridícula. No marco ninguna porque no se han producido, las vivo como reales, pero no pasan. La escritura me ha hecho darme cuenta de que no suceden.

—¿Y este efecto de la prescripción de escribir las profecías catastróficas y marcar las que se cumplen te ha llevado a alguna otra conclusión?

—Que la gran mayoría de las cosas que nos preocupan no acaban sucediendo en realidad, pero que la mente nos juega malas pasadas.

—Muy bien, Ana. Debes darte cuenta de que la mente tiene un funcionamiento a pesar de ti. Trabaja de forma autónoma y aunque tú no comprendas a veces lo que piensas, en vez de engancharte a esos pensamientos, hay que dejarlos pasar y confiar en los procesos cognitivos que van más allá de nuestra voluntad y consciencia. Como tú misma experimentas, pensar puede originar un laberinto donde te pierdes que te horroriza.

Le pregunto entonces si se siente un poco más valiente y al contestarme afirmativamente le explico que, al escribir cada mañana, está llevando esos pensamientos a la saturación y que, además, mira el miedo a la cara. Enfrentarte al miedo por escrito nos permite reunir el coraje para afrontar todo lo que este nos quiere quitar.

—Sí, y además cuando compruebo por la noche que no ha ocurrido nada de lo que temo, me cuestiono lo que pienso y comprendo que quizá me estoy montando películas.

—La mente nos lleva a ver pelis que pueden llegar a ser muy desagradables, por eso hay que aprender a ser hábil y salir de ella. Aprender a salir de la mente para entrar en la vida. Se trata de entrenar nuestro foco de atención hacia fuera y realizar acciones masivas hacia nuestros objetivos vitales.

La reestructuración es una herramienta poderosa que todos podemos emplear para desafiar y transformar nuestras percepciones y creencias limitantes. **Resulta eficaz para liberarte del ciclo de la rumiación y abrirte a una mentalidad más positiva y esperanzadora.** Imagina que te encuentras atrapado en un patrón de pensamientos negativos recurrentes, como preocupaciones sobre el futuro o remordimientos sobre el pasado. Estos pensamientos te consumen y te impiden disfrutar plenamente del presente. Aquí es donde la reestructuración entra en juego. En lugar de dejarte llevar por estos pensamientos automáticos negativos, decides desafiarlos. Comienzas por identificarlos y escribirlos. Luego, te preguntas a ti mismo «¿Qué evidencia tengo de que estos pensamientos sean ciertos?» y «¿Hay alguna evidencia que los contradiga?».

Descubres que, si bien puede haber algunas experiencias pasadas que respalden estos pensamientos, también hay ejemplos de momentos en los que superaste desafíos similares o encontraste soluciones inesperadas. Te das cuenta de que tus pensamientos negativos están distorsionando la realidad y te impiden ver el panorama completo.

Le pregunto a Ana cómo ha ido su registro de señales de desconfianza. Me confiesa que le costó hacerlo, pero cuando se ponía, para su sorpresa, percibía menos de lo que pensaba.

—¿Y esto es porque no te fijabas bien en las personas o realmente no has encontrado más?

—No, es que todo es más tranquilo de lo que pensaba... Voy a serte sincera, aunque me da corte. Haciendo este ejercicio me he percatado de que mi paranoia es muy racista...

Aunque al principio Ana mostró un lenguaje que denotaba racismo y clasismo, también había exigido que no se la tomase por tal. Ahora ella misma se ha dado cuenta de que todas las personas de las que desconfías son negras o de piel oscura. La evidencia le hace sentirse mal, pero también es una realidad contundente.

—Entonces tienes miedo a que te hagan daño, pero, si lo entiendo bien, además has descubierto que dentro de ti también hay algo dañino hacia ellos. Tu rechazo *a priori*.

—Pues sí, no me gustan porque pienso que me pueden secuestrar, que son malas personas, etcétera. Las rechazo, las evito.

—Para ayudarte a vencer tu ansiedad y, además, este racismo tan interiorizado, has dado unos buenos primeros pasos. Has empezado a ser consciente y estás haciendo una autoevaluación honesta que te va a permitir identificar y desafiar tus propias ideas y comportamientos racistas internalizados. En esta terapia afrontaremos el miedo y cuestionarás los prejuicios que ahora te controlan.

Ana vuelve a sentirse avergonzada por su paranoia racista. Le pido que me cuente una de esas escenas que ha anotado en que tuviera un grado de malestar alto. Me habla de un chico magrebí en el tren que grababa a la gente con el móvil y se mantiene firme en que eso es lo que estaba haciendo.

—Pero ¿pudiste acercarte bien para comprobarlo?

—¡No! Que si no me podía grabar a mí.

—Entonces ¿cómo estás tan segura? ¿Podría estar haciendo alguna otra cosa con el móvil?

—No sé...

—Por ejemplo, realizando una videollamada, grabando un audio de WhatsApp, a lo mejor estaba mirando alguna red social o jugando a buscar pokemon...

Ana admite que no está segura. Yo le sugiero que antes de desconfiar y culpar a cualquier persona se debe tener el coraje para acercarse y saber si es realmente tu enemigo...

—¿Acercarme?

—Claro, porque **el desconocimiento nos debilita**.

La idea de que el desconocimiento es un debilitador la impresiona mucho y permite que se abra a una de las prescripciones que le hago a continuación.

Nuevas prescripciones para Ana

—Desde hoy hasta que nos volvamos a ver quiero que escribas tus pensamientos negativos y preocupaciones cinco veces al día, durante cinco minutos, de nueve de la mañana a nueve de la noche cada tres horas. Lleva contigo siempre una libreta y un bolígrafo, ponte la alarma en el móvil y recuerda ser precisa, desde las nueve de la mañana en intervalos de tres horas, dejas lo que estés haciendo y dedicas cinco minutos a escribir todo lo que te preocupa y, si en ese momento estás bien, todo lo catastrófico que crees que pueda pasar. Una vez que hayan transcurrido los cinco minutos, si todavía tienes runrún, les dices a esos pensamientos y cuestiones «En tres horas vuelvo a tener cita con vosotros». Y si es la última remesa, la de las nueve de la noche, apuntas «Mañana a las nueve vuelvo a tener cita con vosotros».

—Y sigo distrayéndome con lo que estaba haciendo.

—Distraerte no, quiero que te concentres en lo que estás haciendo en el presente: si vas a comer, que saborees la comida; si te duchas, que seas consciente del agua sobre tu cuerpo, vamos, que estés realmente en las acciones...

—Entiendo, asombrarme de lo que estoy viviendo y *carpe diem!*

—*Carpe diem!* Lo has dicho muy bien. Intenta aprovechar y

vivir el momento, disfruta del presente y deja pasar todos esos pensamientos y sensaciones que te quieren transportar al pasado o al futuro. Aprovecha el momento presente, que es lo que tienes, porque el futuro es incierto y debes entrenarte y dominar tu mente, domesticar tu lobo negro para que no te coma el coco con lo que puede pasar en el futuro.

—¡Y darle caña al *running* fijándome en todo lo bonito de la naturaleza! Me ha quedado claro que tengo que mover mi cuerpo para frenar mi coco.

—Esa es tu frase talismán, recuérdala cuando lo necesites, cuando te sientas abrumada, y ponla en práctica todos los días. Además, quiero que cada día durante veinte minutos estudies los grupos étnicos que tanto miedo te dan. Quiero que sepas exactamente las diferencias entre magrebíes e israelíes, indios y paquistaníes, etcétera. Interésate por su historia, orígenes, tradiciones, cultura, idioma..., de esta manera identificarás y graduarás de más a menos a quiénes tienes más miedo. ¿De acuerdo?

—No, Júlia...

—Tú eliges, si quieres que el miedo siga dominándote y asfixiando tu vida, no lo hagas, si en cambio quieres fortalecerte y tener el poder, debes tener el coraje de ampliar tu conocimiento.

—No, no, lo haré... Pero es que me siento fatal al darme cuenta de que pienso tan mal de todos ellos.

—Ahora tendrás tus veinte minutos al día para ir acercándote a «tu enemigo».

—Júlia, ¿y no sigo entrenándome con la mirada?

—Muy bien, por supuesto, continúa desde que salgas de aquí hasta que nos volvamos a ver observando y registra cualquier señal de desconfianza de esas personas que te dan miedo.

—Una cosa, ¿y si me miran?

—Es muy importante que cuando alguien te dirija la mirada, lo mires a los ojos y esboces una pequeña sonrisa bajando la cabeza en señal de saludo. Siempre hemos de ser amables y respetuosos con las personas.

—Entiendo, eso es hacerles creer que soy su amiga.

—Exacto, la mirada y la sonrisa debes entrenarla porque son

las armaduras de protección más poderosas que conozco frente a malas personas.

En relación con las dos principales prescripciones que le di a Ana para que dejara de comerse el coco destaco:

1. **Escribir los pensamientos rumiantes de forma concentrada durante cinco minutos seguidos en un papel pequeño y evitar releer lo escrito.** Esta indicación sirve para obviar el efecto del que hemos hablado, por el que a la persona le cuesta separar lo que piensa de lo que es real. Además, al escribir lo que le preocupa en un papel muy pequeño y rápido, con letra descuidada, el cerebro interpreta que, si puede poner el problema en un pequeño papel, es que no es tan grave. Y otra cosa importantísima, el trasladar los pensamientos en escritura resulta una forma de reestructuración, es decir, de poder verlo de diferente manera y, así, poner distancia.

2. **Estudiar a su enemigo.** Cuando un miedo se ha excedido puede convertirse en una fobia, es decir, la incapacidad de ver y estar frente a esa persona, objeto, situación o palabra. Los individuos fóbicos en el momento en que se acercan al estímulo fóbico experimentan todo tipo de síntomas de ansiedad como temblores, sudores, taquicardias, pérdida de conocimiento, etcétera. En este caso, Ana identificaba peligro con personas de piel oscura, y cuanto más intentaba evitar a estos sujetos, más los veía por todas partes. Por eso, una de las dinámicas para conseguir curar una fobia es hablar de lo que nos da miedo. Al ponerle nombre, al concretar el miedo, la ansiedad baja. Si además estudiamos aquello que nos da miedo, conseguiremos apropiarnos de la fobia y dejaremos de presentar síntomas de ansiedad cada vez que nos enfrentemos al estímulo. Así, nos acercamos poco a poco, de manera estratégica, para que el miedo se desvanezca.

NOTAS DEL CUADERNO DE ANA:

- ¡Si quiero menos runrún, tengo que hacer más *run, run*!
- Acelerar mi ejercicio físico para desacelerar mis pensamientos.
- Sudar los pensamientos obsesivos. Cuando me pongo a hacer ejercicio físico me anclo al presente, mejoro mi estado de ánimo gracias a las endorfinas, aumento mi autoestima y confianza, propicio un mejor descanso y, por lo tanto, la posibilidad de poder regenerarme a nivel psíquico y físico.
- He de vigilar de qué me alimento, cómo duermo y cuánto ejercicio físico hago para lograr la armonía y evitar el desequilibrio.
- La naturaleza es mi aliada y el sedentarismo, mi veneno.
- No debo tomarme tan en serio ni mis sensaciones ni mis pensamientos, porque pueden no ser reales.
- Me doy cuenta poco a poco de qué pienso cuando pienso.
- ¡Escribir las pelis que me monto en mi coco me protege de no vivirlas! Siempre he pensado que me empeoraría, pero es justo lo contrario.
- Tengo que escribir para distanciarme de los pensamientos rumiantes. Al escribirlos, me distancio de ellos y puedo verlos en perspectiva, así mi realidad no queda inundada y paralizada. Si escribo y me distancio de mis pensamientos recurrentes, puedo valorar si son reales o imaginarios, de lo contrario siempre me los creo.
- Tengo que dejar de ser guionista de pelis de terror, porque vivo en un continuo estado de estrés y ansiedad. Dejar de montarme pelis, salir de mi mente para entrar en la vida.
- La mente es muy exagerada, tremendista y catastrófica, por eso no puedo fiarme siempre de ella.
- Sufro de parálisis por análisis. Bueno, más bien de parálisis por mal análisis, porque no me atrevo a conocer y a acercarme a las personas que percibo como amenazantes.
- La sonrisa y la mirada son dos armas poderosas de protección.
- A través de conocer al enemigo puedo empezar a cuestionar mis creencias y a desafiar los estereotipos negativos que he internali-

zado. En lugar de asumir automáticamente que todas las personas inmigrantes de piel oscura son una amenaza, me va a ayudar a transformar mi percepción.

- Tengo que aprender a cuestionarme y a poner en duda todo lo que pienso y creo. Y declarar en cuarentena mi mente.
- Cuando los pensamientos me agobien debo mover mi cuerpo para frenar mi coco. ¡Sudar mis pensamientos obsesivos!

Séptima psicosolución

Escribir para desparasitar los pensamientos obsesivos y bajar la fiebre del sentir.

Frase-antídoto:
«Cuando me esfuerzo en olvidar algo lo recuerdo aún más».

> Si escribo lo que siento es porque así disminuyo
> la fiebre de sentir.
>
> FERNANDO PESSOA

Hasta ahora hemos acompañado los casos de dos pacientes que se encontraban en procesos donde el foco de las rumiaciones se situaba en el futuro. Vivían en una preocupación y ansiedad constantes por los pensamientos que albergaban hacia ese futuro amenazante. En este capítulo comenzaremos con Isabel, una mujer cuyo caso se ancla en una escena del pasado en la cual se ha quedado atrapada. La rumiación y los pensamientos recurrentes surgen sin cesar de ese pasado que la ha fracturado en su interior.

Vivir significa errar, equivocarnos continuamente, porque del error aprendemos. Avanzamos y nos conocemos más gracias a los errores cometidos que a los aciertos. El malestar emocional es tan incómodo que nos pone las pilas, nos sentimos urgidos a cambiar para poder sostenernos en la vida.

Vivir significa también encontrarnos en situaciones que ponen a prueba nuestras bases. Una de las situaciones que hace tambalear seriamente los fundamentos emocionales de una persona es la traición. Sin duda, es una experiencia sobre la que resulta imposible pasar de puntillas, pues actúa como un explosivo que dinamita varios órdenes de nuestra vida íntima y social. En consulta, la traición más típica y cada vez más frecuente es la infidelidad matrimonial. Esta es la principal causa de divorcio y separación entre las parejas, y provoca en no pocas ocasiones gran cantidad de alteraciones psicológicas y de la estructura familiar. De hecho, las consultas psicológicas están repletas de personas y parejas que padecen, bien por ser infiel, o bien por ser víctima de una infidelidad.

Las estadísticas dan un margen de confianza para todos aquellos que creen en la fidelidad: tan solo un 40 por ciento supera el examen. En relación con la infidelidad en la pareja, las estadísticas no engañan, cada vez un número mayor de la población ha sido, es o será infiel a su pareja. Y es que en este asunto no importan la raza, el sexo, la cultura, la educación o la religión, nunca sabes cuándo cupido puede lanzar su flecha a tu espalda.

Aunque cada historia es particular, podemos distinguir a grandes rasgos dos tipos de infidelidades: las esporádicas y las relaciones paralelas con amantes.

En las personas que son infieles y en las que lo sufren, también podemos diferenciar algunos comportamientos y situaciones:

- Las personas que llevan vidas paralelas se sienten indecisas sobre si elegir a su amante o a su cónyuge. Mientras la indecisión se mantiene, la contradicción se agrava. El conflicto los inmoviliza e idiotiza, los envuelve en un limbo donde nada prospera y los aspectos más vitales de la vida quedan como suspendidos o funcionando a medio gas porque se ciegan por una pasión desbordante. Están jugando con fuego.
- La persona que sufre por estar enamorada de un conquistador, y que además se autoengaña y lucha para lograr transformar a su Casanova en todo un hombre —o mujer— fiel y leal.
- El miembro de la pareja que padece porque su pareja le ha sido infiel y se siente en la diatriba de perdonar o no. Se

enfrenta al dilema de la confianza perdida, ¿podré o no confiar de nuevo? Como en el primer caso, la persona se ahoga en un mar de dudas.

Sea el caso que sea, observamos que la infidelidad acaba afectando a todos los implicados, y no para bien. Es una situación que no deja títere con cabeza y en la que todo salta por los aires. Pero ¿qué es ser infiel? Según el diccionario de la Real Academia Española, la fidelidad es comportarse con lealtad, es decir, dar cumplimiento a una promesa. La infidelidad, por lo tanto, es todo lo contrario: romper un acuerdo afectivo/sexual preestablecido.

Nos preguntamos ¿es posible ser fiel? Lo cierto es que muchas son las personas que queriendo mantenerse fieles acaban siendo infieles y no pueden o no quieren dejar de serlo. En mi opinión, deberíamos dejar de colocar la infidelidad en el ámbito de la excepción y mudarla al de la normalidad.

Lo importante es ser consciente de que todas las relaciones de pareja tendrán alguna crisis, y que estamos ante una conducta habitual en nuestros tiempos. Lo erróneo es tratar lo normal como excepcional, y con este paradigma las intervenciones psicoterapéuticas se convierten en inadecuadas.

Uno de los autoengaños disfuncionales que se hacen en el amor es creer que con amar mucho a nuestra pareja es suficiente para serle leal, y esto es una falsedad contrastada. Hay que darse cuenta de que la fidelidad no se puede dejar solo en manos del amor y del corazón, sino comprender que es un acto de voluntad y de razonamiento al que hay que colocar sentimientos y emociones, es decir, corazón.

En este capítulo, exploraremos el caso de Isabel para ilustrar cómo la experiencia de un desamor, especialmente cuando lo causa una infidelidad, puede fracturar nuestro mundo interior. Veremos cómo el dolor de la traición nos conduce por oscuros laberintos mentales, llenos de una ira intensa y una profunda desesperación, y encontraremos cómo navegar por estas tumultuosas emociones.

El exilio emocional: la desrealización y la disociación

Isabel llega a la consulta muy dolida. Su marido la ha traicionado y dejado. Habla de sí misma como una mujer sacrificada que abandonó su carrera exitosa para apoyarlo a él en la suya y construir así una familia.

—He sido una tremenda idiota. Me ha engañado. Me he enterado de que hace como mínimo un año que mi marido me es infiel con una «bicha» de veintidós, yo tengo el doble y él tiene cincuenta años. Tenemos dos hijos, yo creía que esto sería para toda la vida. Teníamos un pacto, porque ambos sabíamos que a veces existe el desliz, entonces acordamos que si sucedía una infidelidad no nos lo diríamos, pero que nuestra familia y nuestro amor serían indestructibles. Este es el daño más terrible, nos ha dejado a todos. Me ha convertido en madre soltera.

—¿Me puedes hablar más de ese pacto que acabas de mencionar?

—Bueno, él es entrenador deportivo y hace entrenamientos personales; con todas esas clientas babeando a su alrededor me hice a la idea de que de vez en cuando podía serme infiel. Así que para prevenir saqué yo el tema y establecimos un acuerdo por el que si algún día teníamos relaciones fuera del matrimonio, jamás dejaríamos que rompieran la familia, que está por encima de todo. La familia era nuestro pilar indestructible. Pues, mira, se lo ha cargado.

—Isabel, déjame comprenderte mejor. Ahora mismo, ¿te sientes mal porque tu marido te ha dejado o bien porque aceptaste este trato?

—Joder, Júlia... Qué fuerte.

—¿Fuerte el qué?

—¿Tan rápido me has calado?

—Mis preguntas son como bisturís para ayudarte a identificar eso que te duele y a que sanes lo más rápido posible.

—Déjame que piense... El pacto lo propuse yo, era inevitable porque si no lo habría perdido. Por eso tampoco me casé, porque sabía que entonces me dejaría de buscar, ya sabes, no le atraería en la cama y se iría con otras. Mi marido es un hombre al que le gusta el riesgo, odia aceptar las normas y es impulsivo. Tenía claro que aborrecería la rutina o el compromiso.

—Perdona que ahora sea un poco quisquillosa, tal y como me describes a tu marido, ¿de verdad creías que una persona a la que le gusta violar los límites y contradecir las reglas cumpliría ese pacto?

—Me lo prometió y le creí. Le odio.

—Entonces ¿ahora con quién crees que estás más enfadada?, ¿contigo misma o con él?

—¡Con él, obvio! Me la ha hecho muy gorda. Pero...

Isabel se muerde el labio. Se hace un silencio muy largo hasta que, por fin, añade:

—Si soy honesta, también estoy muy enfadada conmigo misma. Siento aquí, en la parte superior del estómago, una presión, como una bola que me aprieta y que no me deja respirar ni dormir. No sé... Estoy despertando a otra realidad. Es como si por una parte todo lo que he vivido hubiera ocurrido fuera de mí. Tengo una sensación de irrealidad, como de película, y a veces dudo hasta de si lo he vivido o no. ¿Me estaré volviendo loca?

—Estás definiendo la desrealización...

—¿La des... qué?

—La desrealización, que se caracteriza por una alteración de la percepción, la cual produce que las personas se sientan desconectadas de su entorno o lo perciban como si este no fuera real. La desrealización se produce por un trauma o un estrés extremo.

—Sí, eso es, así me siento, «desrealizándome».

Ante el impacto que supone descubrir una infidelidad y el inevitable enfrentamiento con la desolación de una relación quebrantada, la mente puede buscar refugio en los recovecos de la disociación y la desrealización. Esta es, por así decirlo, una doble cortina tejida por la mente en respuesta a la traumática revelación. Actúa como un escudo protector que distancia emocional y perceptualmente a la persona del golpe devastador de la traición. Las emociones se entumecen y el mundo se vuelve ajeno; los recuerdos pueden fragmentarse y el entorno inmediato adquiere una cualidad surrealista. La desrealización provocada por el trauma es como un velo invisible que se interpone entre el individuo y la realidad. Es un mecanismo de defensa psicológico que se activa cuando el dolor emocional y el estrés alcanzan niveles insoportables como resultado de una experiencia traumática. Este fenómeno puede hacer que el mundo parezca distante o irreal, como si uno observara su propia vida desde la barrera de un sueño nublado.

A menudo, la desrealización se describe como una desconexión profunda, un mecanismo que la mente emplea para protegerse del impacto total de una experiencia abrumadora. Los sonidos pueden parecer amortiguados; los colores, deslavados, y las personas y los objetos, como si fueran parte de una escena sin vida. La persona en este proceso puede percibir todo esto con una sensación de extrañeza, o como si fuera un espectador de su propia vida, sin lograr estar completamente presente en el aquí y ahora.

Este estado de desapego, aunque al principio pueda servir como una especie de refugio emocional, a largo plazo puede interferir de forma significativa en la capacidad de una persona para vivir y sentir plenamente. El tratamiento y la sanación de la desrealización implican, entonces, un proceso cuidadoso y delicado de reintegración, donde el individuo aprende a volver a conectar con la realidad y con sus propias emociones, a menudo a través del apoyo terapéutico y de una comprensión compasiva de su trauma.

A pesar de ser una respuesta comprensible al shock y al dolor, ni la disociación ni la desrealización son refugios permanentes. Eventualmente, la curación demanda una confrontación y un procesamiento del trauma. El regreso de este exilio emocional y perceptual hacia la realidad plena, con sus matices y sus heridas, a menudo requiere el acompañamiento terapéutico. Solo a través de este proceso puede la persona reencontrarse con su narrativa interrumpida, reconstruyendo una historia personal más coherente y encontrando de nuevo su lugar en el mundo tangible.

El valor de las cicatrices

Le ofrezco un vaso de agua a Isabel, que se lo bebe ávidamente. Ya más calmada proseguimos.
—Dime, Isabel, ¿era la primera vez que tu marido te era infiel?
—Que yo me haya enterado sí... Pero ahora hay personas que me dicen que ya había sucedido antes...
—¿Cómo lo descubriste?
—Ese día llegué a casa antes por la mañana... Los viernes suelo llegar a las cuatro de la tarde siempre. Entré en casa, fui a cambiarme a mi habitación y los encontré en mi cama... No me quito esa imagen de la cabeza.
—Sé que te cuesta, pero acaba de contarme qué recuerdas de ese momento.
—Me los encontré, acto seguido cerré la puerta y recorrí a toda prisa el pasillo para salir de casa, pero algo me frenó. Entonces di media vuelta y volví a la habitación y empecé a chillar y golpearlos como una loca hasta que se fueron juntos medio vestidos. Se fue para siempre. Me llamó loca y dio un portazo. Mi marido ya no volvió más a casa... Me dejó, nos dejó, pero esa imagen me persigue y me consume...
—Qué situación más traumática, más dura... Pero, cuéntame, ¿cómo puedo ayudarte, Isabel? ¿Qué quieres que resolvamos juntas?
—Quiero quitármelos de la cabeza, porque no puedo con tanta angustia... A lo largo del día me viene constantemente la imagen de mi marido y esa chica en la cama, no dejo de oír el portazo, cómo me llama loca. Y por las noches no puedo dormir. Pienso y lloro sin parar. Y si, agotada, al fin consigo unos minutos de descanso, enseguida me desvelo sobresaltada y me doy cuenta de que estaba soñando con lo mismo. Pero, Júlia, si de verdad yo pudiera pedirte lo que deseo de corazón, aunque te parezca una tonta, es que me ayudaras a recuperarlo. No me imagino una vida sin él como pareja. No me imagino criando a mis hijos sin su padre. A pesar de que lo odio ahora mismo, de que

me siento humillada y maltratada, hay una gran parte de mí que lo quiere conmigo y no lo puedo evitar. Les he insinuado a mis hijos que con el tiempo quizá consiga una reconciliación y la vuelta de su padre a nuestro hogar y me han echado los perros. Bueno, me han empujado a venir a verte. Estoy aquí por ellos, ellos me dan la fuerza y la cordura. Porque sé que estoy dividida. Y ni la parte que odia y se obsesiona con lo que ha pasado me deja vivir, ni la parte que se desespera y cree que no podrá seguir sola me deja vivir... Vamos, que no vivo.

—Entonces ¿quieres mi ayuda para no mendigarle amor a tu ex y conseguir que cicatricen las heridas del corazón?

—Sí. No paro de pensar en él y en esa guarra... Están dentro de mí y hasta me comparo con alguien a quien apenas he visto... Necesito pasar página de una vez. Pensaba que con todo lo que he hecho hasta ahora podría olvidarme de él, pero no es así. Al contrario, no paro de pensar en él, paso de estar muy enfadada a echarlo mucho de menos. Aparece en mis pesadillas, se cuela en cualquier momento del día, cualquier olor me lo recuerda. Y no paro de verlos en nuestra cama y de tenerlos en la cabeza... Van conmigo a todas partes.

—Entonces te gustaría que te ayudara a dejarlos en el pasado para que pudieras estar bien en el presente y vislumbrar así un nuevo futuro.

—Sería eso, sí... Porque ahora vivo todo lo contrario, estoy obsesionada con esa imagen. Quería entender por qué lo hizo, y no se me ocurrió otra cosa que averiguar quién era la niñata que me lo robó. No fue difícil descubrirla, porque el muy hijo de perra se fotografía con ella y la enseña en las redes sociales, como un trofeo de felicidad. No paro de perseguirlos de foto en foto para saber qué hacen, dónde están, cómo se viste. A veces mi hija me quita el móvil porque dice que me estoy intoxicando. ¿Tú te crees? Mi hija me riñe, como yo la reñía antes a ella por estar enganchada al móvil.

—¿Y mirar continuamente a esta chica te ayuda a desconectar del tema y te hace sentirte bien o justo lo contrario?

—Justo lo contrario, pero algo me empuja a hacerlo... Es

como que ya me siento mal pues por empeorar un poco no pasa nada... Y luego fantaseo con las mil y una opciones para destruirlo. Aún no he hecho nada, pero ganas no me faltan.
—¿Y qué has intentado hacer para salir de esta situación?
—He acudido a un par de psicólogos, pero me las he apañado para que me digan lo que quiero oír. Me siento tan sola..., y lo peor es que todo me recuerda a él. Me siento tan mierda, no tiene sentido la vida sola...
—Cuéntame todo lo que has intentado hacer para superar el dolor de la traición y vamos a analizar si ha funcionado o no. ¿Qué has hecho hasta ahora para disminuir el dolor de la traición?

Isabel me cuenta que en un principio se aisló con sus hijos. Durante las primeras semanas solo podía llorar y tirar cosas al suelo. Los niños la cuidaban, la consolaban, dormían con ella e incluso cocinaban y la obligaban a comer. Para ella lo más importante de aquella situación de atención exclusiva por parte de sus hijos es que le dan la razón en todo, validando así sus emociones. Le pregunto si les hablaba mal de su padre. Se siente un poco violenta al confesar que al principio gritaba «cosas». Pero ahora ya no, en ese momento solo las decía para desahogarse. Creía justificado el insultarlo porque lo que había hecho era muy fuerte. Su único consuelo eran esos hijos tan buenos y solícitos para con ella.

—Mi hija es estupenda, me acaricia la cabeza por las noches y me dice que todo se arreglará.
—¡Ah! ¿Han sido tus ansiolíticos?
—Oye, eso suena muy mal. Son el pilar de mi vida. Mira que las palabras lo cambian todo.
—Vale, ¿son en quienes principalmente te apoyas?
—Sí, son mi sostén.
—Pero tus hijos son niños, ¿crees que les corresponde sostener a un adulto?

Ante esa pregunta Isabel se queda muda y después rompe a llorar. Al preguntarle si ahora que tiene algo de perspectiva considera que apoyarse en sus hijos la ha ayudado o empeorado, reconoce que, si bien al principio fueron el único consuelo, ahora está preocupada. Ambos han comenzado a desarrollar sus propios problemas. La hija mayor por primera vez tiene dificultades con los estudios, es incapaz de concentrarse, ha perdido el interés en casi todo y está depresiva. Y el hijo pequeño muestra una hostilidad hacia el padre muy agresiva.

—Él se ha quedado en esa fase y no hay quien lo convenza de que vaya a ver a su padre...

—Cualquier separación genera un grado de sufrimiento en los hijos, resulta inevitable. Por otro lado, es humano que te refugiaras en el amor de tus hijos, pero, a veces, con las mejores intenciones producimos los peores efectos.

—No, lo doloroso es ahora que estoy despertando. Me centré demasiado en ellos, eran mi oxígeno. Pero se han quedado conmigo aislados en el dolor. No quieren saber nada de la ciudad donde nacieron ni de su padre. Rechazan todo lo que les recuerda a él. Tengo que reconocer que les he hablado tan mal de su padre... Necesitaba desahogarme... Sé que no es lo correcto, pero tampoco lo es lo que él nos hizo...

—Isabel, es muy valiente lo que declaras. Despertar puede ser muy doloroso cuando te das cuenta de que la angustia y el rencor te han cegado. No has visto que tus hijos también están en duelo; ellos han perdido a su padre, su mundo cotidiano, y también están perdiendo a la madre que conocían. Por eso te felicito de que estés dando este paso tan decisivo para ti y para ellos. Es vital que puedan recuperarte, que tú puedas recuperarte, aunque debo confesarte que ya no serás la de antes. ¿Conoces el arte del *kintsugi*?

—No.

El *kintsugi* es una manera de reparar lo que está roto. Los japoneses comprendieron que las fracturas son parte de la vida y que no hay por qué esconderlas, sino que puede haber belleza en la cicatriz y la han honrado recubriéndola de oro. De esta manera, si una vasija se rompe, en vez de tirarla porque ya no valdrá nada en el mercado, vuelven a componerla reparando e integrando sus partes con oro. Cuando nos rompemos somos como esa vasija, y si nos damos la oportunidad de pasar por un proceso de atender, apreciar y reparar nuestras heridas, las cicatrices que queden serán de oro, porque la experiencia, la capacidad de superar lo que nos ha roto, nos vuelve más sabios y mejores.

—Qué bonito lo que cuentas, realmente me siento como una vasija vieja y rota que nadie va a querer.

Escribir para bajar la fiebre del sentir

—Aparte de esas visitas a psicólogos, ¿has intentado alguna cosa más?

Isabel me cuenta que intentaba distraerse y, aunque le costaba mucho, se esforzaba en no ponerse en contacto con su marido. Pero con hijos en común el contacto cero es imposible. Ante mis preguntas reconoce que lo cierto es que era ella quien buscaba excusas para verlo, incluso maquinaba situaciones para hacerse la encontradiza.

—Como si fueras una adicta: necesitas tu dosis, a pesar de que ya sabes que en un primer momento te sentirás en las nubes, pero luego caerás sin paracaídas y tendrás más dolor y arrepentimiento por haber construido una falsa expectativa positiva.

—Exactamente, no lo puedo evitar.

—Es cierto que teniendo hijos el contacto cero no solo es complicado, sino que puede resultar perjudicial para los niños, pero sí que debe ser mínimo. Sobre todo, en los encuentros presenciales, porque donde hubo fuego...

—¡Cenizas quedan! La verdad, me siento como una noria. A veces, cuando tenemos que quedar, voy a saco culpándolo de todo, pero hay días en que aparezco en plan seductora. Me vuelvo loca decidiendo qué ponerme antes del encuentro, le monto escenas, intento tocarlo mientras le digo que se ha equivocado y para cuando se quiera arrepentir ya será demasiado tarde...

—¿Y mejoras o empeoras después de cada contacto?

—Claramente empeoro.

Doy por finalizada la sesión, pero le explico a Isabel que esta no acaba cuando salga de la consulta, pues al final de cada encuentro le daré prescripciones, es decir, tareas que debe realizar. Puede que le parezcan raras, extrañas o ilógicas, pero, si las hace, obtendrá lo que me ha pedido. Le aclaro que durante diez sesiones trabajaremos en decantar su sufrimiento, pero si durante estas no se produce un avance porque ella no realiza las prescripciones, yo frenaré el proceso, puesto que no quiero ser cómplice de alguien que no desea resolver su problema. Isabel me dice que lo entiende.

—Pero primero debo ser sincera contigo: la forma de ponerte bien lo más rápido posible solo es una, y no está en mis manos.

—¿Cuál es esa forma? ¿Y por qué no está en tus manos?

—Sería que se cumpliera tu fantasía, que él quisiera volver contigo arrepentido y pidiéndote perdón.

Isabel asiente con la cabeza y llora en silencio. Cuando se calma me dice:

—Es así, yo deseo que vuelva cada día, pero me tengo que hacer la fuerte delante de todo el mundo para sostener esta mierda de realidad... Me ha dejado, es que no me lo puedo creer, me ha dejado con dos hijos. Estoy sola...

—Hay otra solución rápida que te ayudaría, pero que tampoco podemos llevar a cabo.

—¡Matarlo!

—Sería doloroso, pero no tanto como la realidad que vives, ¿verdad? Y así no podría estar con esa mujer...

—¡Mejor que muera la bicha! ¡La odio!

—Pero es mejor que muera él, porque si muriera esa mujer y él, a pesar de todo, no volviera contigo, ¿cómo te haría sentir eso?

—¡Ostras! Muchísimo peor, porque entonces me confirmaría que me ha dejado a mí porque realmente no le gusto. Ahora, al menos pienso que no puedo competir con veinteañeras.

—Bueno, ya hemos visto que esas serían soluciones más rápidas, pero no podemos trabajarlas juntas. Mira, Isabel, las heridas de la traición no van a curar distrayéndote. Además, corres el riesgo de que «se infecten» y no solo no puedas estar bien en el presente, sino que también comprometan la construcción de un nuevo futuro.

—Duele demasiado, duele muchísimo. Estás diciendo todo lo que pienso y siento.

—Por eso, te voy a pedir una tarea muy dolorosa, la más dolorosa que existe. Seguramente no querrás hacerla, porque desinfectar las heridas escuece, pero es el único camino. Debes reunir el coraje necesario para atravesar el dolor y poder salir de él. ¿Lo entiendes?

—Haré lo que digas porque esto ya es insoportable, estoy todo el día quejándome y culpándome de todo, creo que padezco una grave depresión.

—Es así, eres una loba herida. Por eso necesito que cojas las pocas fuerzas que tienes para comprarte el más bonito cuaderno que encuentres. Y, desde hoy hasta que nos volvamos a ver, quiero que recuerdes y escribas desde el momento en que empezaste a notar que tu marido estaba algo extraño contigo. También te voy a pedir que rememores y pongas por escrito el día en que de golpe y porrazo cambió tu vida. Quiero que cada día escribas ese horror, la escena en la que te has quedado encallada. Debes comenzar a hacerlo hoy y repetirlo cada día hasta que nos volvamos a ver. Sé muy detallista en tu relato, por ejemplo, menciona qué día de la semana era, cómo ibas vestida, qué dijo él, cómo reaccionaste... Explícalo con el mayor número de detalles.

—No escribo demasiado bien.

Le aclaro a Isabel que no importa cómo escriba, si con faltas de ortografía o con una letra muy mala. No se trata de un examen. Lo que resulta sumamente importante es que cada día redacte el recuerdo, desde el principio hasta al final, de esa escena a partir de la cual su mundo ya no fue el de antes.

—Es importante que escribas, porque al escribir bajas la fiebre del sentir.

Sé que en un principio no le va a apetecer sumergirse en ese dolor, pero ya ha comprobado que, si intenta olvidar, la mente le pone la zancadilla con imágenes recurrentes del recuerdo. Sin embargo, si se esfuerza en recordarlo a través de la escritura, puede ir dejándolo y acomodándolo en el pasado.

—Ante cualquier duda, recuérdate esta frase: «Escribir baja la fiebre del sentir». De esta manera conseguirás dejar el pasado en el pasado, estar en el presente y confiar en construir un nuevo futuro.

Además, le prescribo dos ejercicios más. El primero es que a partir de este momento no puede mirar las redes sociales, ni de él ni de ella. Cada vez que tenga ganas de hacerlo y no pueda resistirlas, debe poner un cronómetro y obligarse a investigar durante cincuenta minutos, ni uno más ni uno menos.

La segunda prescripción es que cuando tenga ganas de contactar con él, debe esperar antes de enviarle un mensaje o en vez de llamarlo por teléfono, escribir todo aquello que desea decirle, pero sin mandarlo. Y esperar un par de días hasta que esté serena, entonces podrá revisarlos y decidir si enviarle ese mensaje o no, sabiendo que cada vez que contacta con él de una forma u otra está manteniendo y empeorando su problema.

—Por último, necesito que me respondas a esta pregunta que te hago ahora: ¿qué podrías hacer o dejar de hacer, pensar o no pensar si voluntariamente quisieras empeorar tu problema? Cada día hazte esta pregunta y escribe las respuestas. Al cabo de unos días ya seguramente no sabrás qué más escribir, pero quédate siempre unos minutos pensando si aún puedes apuntar más cosas.

—Júlia, he tenido pensamientos muy duros, de querer desaparecer de este mundo... Me da cosa hasta escribirlos, me parece ser egoísta con mis hijos, pero el dolor es tan grande...

—Sé valiente y decláramelo a través de la escritura para que te pueda ayudar.

—Sí, voy a comprometerme con las prescripciones que me indicas y a probar así otras cosas distintas.

—Si quieres otros resultados, no hagas siempre lo mismo.

Le recuerdo que si quiere estar mejor el proceso requiere que la acompañe mientras atraviesa el dolor para que pueda salir y liberarse de la prisión que ahora hay en su cabeza. Le insisto en que proteja a sus hijos de su noria emocional. El trabajo de cicatrizar bien las heridas necesita soledad, esta será su gran aliada, así como la escritura.

No se trata de olvidar, sino de integrar

Cuando una mente se enfrenta al desafío de superar un dolor traumático, a menudo se ve tentada a intentar olvidar, a borrar los recuerdos que causan dolor. Sin embargo, la ironía de la psique humana es tal que cuanto más luchamos por olvidar, más firmemente se anclan esos recuerdos en nuestro ser. **¡Esforzarnos en olvidar algo es recordarlo aún más!** Es como si al intentar enterrarlos, inadvertidamente, les diéramos un suelo más fértil para crecer. Este es el dilema de la memoria y el olvido, en nuestra resistencia a enfrentar el dolor, terminamos dándole más poder sobre nosotros.

La solución psicológica a este enigma no yace en el olvido, sino en el enfrentamiento y la integración del trauma. La TBE que uso con herramientas de hipnosis y de EMDR ayudan a procesar el trauma, es decir, no a borrar el recuerdo, sino a cambiar nuestra relación con él. La herramienta de novelar el trauma prescrita a Isabel le enseña a acoger sus recuerdos traumáticos no como tiranos que dictan su estado emocional, sino como partes de su historia que, aunque dolorosas, no tienen el poder de definir su presente ni su futuro.

Superar un dolor traumático se convierte entonces en un acto de valiente confrontación y de cuidadosa reinterpretación. Se trata de aprender a vivir con los recuerdos, de despojarlos de su veneno emocional y, eventualmente, de encontrar un sentido de paz y propósito más allá del trauma. Este proceso no es ni lineal ni predecible, pero está marcado por momentos de revelación y catarsis, donde el dolor, una vez libre del cautiverio, se transforma en un escalón hacia una mayor comprensión de uno mismo y hacia la resiliencia.

Isabel sufre de trastorno por estrés postraumático, en el que la persona se ve continuamente atormentada por el recuerdo del trauma vivido a través de auténticos *flashbacks*, pesadillas de la experiencia traumática, insomnio, irritabilidad, ansiedad y tensión generalizados. A estos síntomas también los acompañan una clara disminución del interés por actividades antes placenteras y una sensación de distanciamiento o extrañeza con los demás y el mundo. Esto también aparece con un profundo sentimiento de culpabilidad por lo que ha sucedido, casi siempre una culpa exagerada por no haber podido evitarlo, haber estado disociada o por no haber pedido ayuda en el momento. En estos casos, podemos decir que la persona permanece como atrapada en el pasado y que esa percepción de este sigue invadiendo el presente de miedo, dolor y rabia. El pasado sigue comiendo el coco y ocupando el lugar del presente.

Con todo, los estudios son positivos, pues demuestran que, aunque una persona haya estado expuesta a una situación de estrés agudo, no significa que vaya a desarrollar el trastorno y quedar atrapada en el pasado. Esto nos demuestra que los seres humanos estamos naturalmente equipados para superar las experiencias traumáticas que son parte de la vida.

Tanto para prevenir el trastorno como para poder salir de él la mejor maniobra es ayudar al paciente a tener el coraje de recordar. Este proceso no va encaminado a olvidar, sino que sitúa el pasado en su lugar y así la persona puede concentrarse en el presente y en desarrollar ilusiones de un futuro esperanzador y mejor. Para ello, hay que validar las emociones que siente y acompañarlo. Lo más difícil es ayudarlo a que se atreva a sufrir para poder dejar de hacerlo.

NOTAS DEL CUADERNO DE ISABEL:

- ¡Si quiero no sufrir, acabaré sufriendo más. Debo tener el valor de sufrir para dejar de hacerlo.
- No puedo escapar del sufrimiento y del dolor, sino que debo reunir el coraje para atravesarlo para poder salir de él.
- El error no es que se me olvidó olvidarlo, sino que intentando olvidarlo lo fijo más en mi mente. ¡Es una paradoja!
- Me da mucho miedo caer en una depresión más grande de la que creo que ya tengo, pero por mis hijos haré lo que me ha dicho Júlia: sufrir cada día, durante un momento concreto, para dejar de sufrir.

- El amor no se mendiga, si lo hago, me destruyo más la autoestima.
- Tengo que intentar no apoyarme en mis hijos. ¡Qué difícil!
- Vivir implica cometer errores, y es a través de estos, ya sean propios o ajenos, que se aprende y crece, aunque joda.
- Sufro de desrealización por trauma. No es tan malo porque puede servir de escudo frente al impacto emocional de la traición, creando una distancia entre yo y la realidad dolorosa que enfrento. Pero tengo que despertar.
- He de enfrentar el trauma para sanar, es importante que confronte y procese el trauma, en lugar de intentar olvidarlo, para curar verdaderamente las heridas emocionales y avanzar.
- Debo escribir como catarsis... Escribir y recordar para poder dejarlo en el pasado... Escribiendo bajaré la fiebre de mi sentir.
- Cuando me esfuerzo en olvidar algo lo recuerdo aún más.

Octava psicosolución

Cerrar el pico.

Frase-antídoto:
«Mi problema es como tener piojos, cada vez que hablo de él se multiplica y, además, contagio».

Acusar a los demás de nuestras propias desgracias es consecuencia de nuestra ignorancia; acusarse a sí mismo es comenzar a entenderse; no acusar ni a otros ni a uno mismo, esa es la verdadera sabiduría.

EPICTETO

Hablar no siempre es terapéutico

La idea de que hablar soluciona los problemas es comúnmente aceptada, pero en la realidad puede no ser tan efectiva como se piensa. Si bien la comunicación abierta y la sinceridad pueden resultar terapéuticas, no siempre representan la cura definitiva para todos los males. La noción de que «hablar cura» ha sido cuestionada por muchos especialistas y, en algunos casos, la práctica del silencio y la introspección puede ser más beneficiosa, ya que silenciarnos es crucial para acallar el ruido mental.

En nuestras investigaciones desde el grupo de la TBE observamos que hablar suele ser, en un primer momento, la solución que más personas aplican a la hora de resolver un problema. Cuando este no desaparece, se pone de manifiesto un fundamento de este modelo terapéutico: el problema no es el problema, sino la solución que intentamos aplicar al problema. Y es que muchas veces las estrategias que usamos para resolverlos terminan complicándolos más.

Para que entendamos un poco mejor esta propuesta, el enfoque de la TBE parte de la idea de que muchas veces los problemas psicológicos persisten porque las estrategias empleadas para manejarlos no son efectivas, e incluso pueden hacer que el problema original se complique o devenga más severo. Estas soluciones fallidas las denominamos «soluciones intentadas disfuncionales». Por ejemplo, como hemos ido viendo a lo largo del libro, frente a la problemática de pensar demasiado las personas más fóbicas y obsesivas, como María, tratan de resolver el problema con la solución intentada disfuncional de no pensar, pero caen entonces en la paradoja de que intentar no pensar algo es pensarlo dos veces. Por su parte, las personas más paranoides, como Ana, prueban a salir de la trampa de pensar haciéndolo aún más. De esta manera se pierden en un laberinto del que no encuentran la salida y cada vez creen más que sus pensamientos son una verdad absoluta.

Si observas el diálogo en la anterior sesión con Isabel, le pregunto varias veces qué ha intentado hacer para salir de la situación. Sus dos respuestas, apoyarse en sus hijos y distraerse, son soluciones intentadas disfuncionales. La primera ha generado una situación de dependencia y desequilibrio para ella y los niños, y la segunda la ha llevado a una dinámica de adicción a las redes sociales.

Cuatro grandes tipologías de Sistemas Perceptivos Reactivos (SPR) con su solución intentada fallida principal son las siguientes:
SPR fóbico: la solución intentada es la evitación, petición ayuda, control, sensaciones físicas.
SPR obsesivo: la solución intentada es el control.
SPR compulsivo: la solución intentada son rituales y manías mentales o comportamentales y las evitaciones.
SPR paranoico: la solución intentada son la defensa y el ataque.

De estos cuatro básicos derivan muchas posibles combinaciones, que dan lugar a los diferentes sistemas de percepción y reacción que encontramos en los pacientes. A continuación, os muestro una tabla que para mí es clave a la hora de identificar cómo funcionan los problemas de pensar demasiado y cómo gestionarlos a través de bloquear las soluciones intentadas fallidas proponiendo otras nuevas.

Tipos de personas	Sistema de Percepción y Reacción (SPR) frente a la realidad	Solución intentada fallida redundante para no comerse el coco
Personas con tendencia fóbica y obsesiva	Sus miedos los llevan a evitar, controlar y pedir ayuda en busca de seguridad.	Intentar no pensar.
Personas con tendencia obsesivo-compulsiva	Intento de controlar en exceso la realidad para obtener una falsa seguridad. Personas que controlan tanto que no pueden dejar de hacerlo, aunque son conscientes de que su control es absurdo, tirano y excesivo.	Control a través de rituales mentales y/o comportamientos y evitaciones que pueden llegar a ser absurdos y fastidiosos, y que ya no son capaces de dejar de hacerlos. Por ejemplo, intentan usar palabras, imágenes, afirmaciones, recordar cosas en secuencia o hacer rituales para reparar algo del pasado, para prevenir o para propiciar.
Personas con tendencia paranoide	Perciben el mundo a través de creencias, autoengaños hacia ellos mismos, los demás o su entorno, que experimentan como condenas.	Pensar y pensar. (Se montan películas).

Isabel, para descargar su malestar, ha hablado tanto y de manera sincera e indiscriminada de la traición amorosa que le hace sufrir que puede acabar precipitándose en un «sincericidio», término que procede de las palabras «sinceridad» y «suicidio». A pesar de que haya aún tantos defensores del hecho de que hablar lo cura todo, es bien sabido en la práctica clínica que descargar y aliviar momentáneamente un sufrimiento sin filtros, sin marco, sin frenos, no solo puede no mejorar a la persona, sino que además es factible que provoque un daño invisible a la gente de su entorno, como en el caso de Isabel a sus hijos. Las palabras son como balas, y en el caso de Isabel no se da cuenta de qué manera impactan en sus hijos.

Todos hemos experimentado el agotamiento ante aquellos que monopolizan las conversaciones con un desfile interminable de autorreferencias, ya sean triunfos o tragedias, anécdotas o angustias. La comunicación, en estas instancias, se torna unidireccional, un monólogo disfrazado de diálogo donde el escuchar se convierte en una obligación más que en un intercambio gratificante.

No menos agobiante es la compañía de quienes ejercen la crítica perpetua o buscan imponer su visión de la realidad como la única existente. En su necesidad de desahogo, algunos se sumergen en la narrativa de la autocompasión, especialmente en situaciones de desengaño amoroso. La insistencia en su rol de víctima y en poner a los otros de verdugos más que convocar empatía, puede suscitar una sorda resistencia en el oyente.

Por tanto, mientras la comunicación es esencial, su práctica indiscriminada y sin consideración puede convertirse en una barrera más que en un puente hacia la comprensión y la resolución de problemas.

El valor del silencio

La palabra quizá está sobrevalorada y el silencio infravalorado. Y como vamos a ver, el silencio es muy valioso, por ello debemos conocer mejor sus beneficios. El silencio no debe ser confundido con la represión, sino que ha de entenderse como un espacio para la reflexión y el autoconocimiento. Es en el silencio donde muchas veces encontramos las respuestas que el ruido externo e interno nos impide ver. Y es que **silenciarnos es crucial para acallar el ruido mental.** El silencio resulta fundamental porque cuando hablamos ponemos palabras que construyen y fijan realidades, y cuando uno sufre, estas suelen ser desagradables. Por eso es mejor guardar silencio. La importancia del silencio para conseguir atravesar el sufrimiento y ver más allá de la realidad que uno está experimentando permite poder enfocarse en su solución. El silencio es la primera y más importante herramienta para poder frenar las rumiaciones mentales.

Un ejemplo práctico es el proceso de duelo: si bien compartir la expresión del dolor es necesario en un primer momento para aliviarlo, seguidamente el silencio resulta indispensable para procesar la pérdida y encontrar la paz.

La patología de la palabra

Hablar sobre miedos y obsesiones, como vimos en el caso de María, puede en realidad reforzarlos. Cada vez que verbalizamos estas preocupaciones, les damos una forma más concreta y poderosa en nuestra mente. **Hay que valorar cada caso y decidir cuándo la palabra será una potente medicina o bien un mortal veneno.**

La clave está en encontrar un equilibrio y comunicarse de manera eficaz tanto con uno mismo como con los demás. La eficacia de la comunicación se mide no por la cantidad de palabras expresadas, sino por la calidad y el impacto de estas en el bienestar personal y en las relaciones. En terapia, el desafío es proporcionar un espacio donde hablar sirva para explorar y entender las emociones, no para reforzar patologías.

Hablar con propósito y estrategia

Cuando hablamos, debemos hacerlo con intención y propósito. Esto significa saber cuándo es el momento de compartir y cuándo el de callar y reflexionar. En el camino hacia la recuperación y el bienestar, no se trata solo de vaciar nuestro almacén emocional, sino de saber qué, cómo, cuándo y con quién expresar nuestras emociones de manera que nos lleve hacia la sanación y el crecimiento personal.

En líneas muy generales, lo primero que recomiendo es que la víctima de la traición tenga el valor de estar un tiempo sin su pareja, que pueda separarse al menos emocionalmente de ella y, si es posible, físicamente también. En esta primera etapa el silencio es primordial. Por un lado, de este modo tendrá tiempo de curar la herida producida por la traición. En muchos casos observamos que la persona herida por traición sufre trastorno por estrés postraumático. Esto significa que está tan debilitada que no sabe qué hacer. Ese tiempo de separación también es bueno para poder observar si la pareja realmente muestra interés, convencimiento y amor por recuperar el vínculo. En esos momentos las palabras no son suficientes, se necesitan hechos que demuestren que el amor prevalece ante las adversidades.

Por otro, se le pide al paciente que evite hablar del problema de pareja con otras personas, y que como mucho lo hable con una persona de confianza. Y hasta que su dolor y su rabia no se hayan decantado no podrá decidir qué opción escoger: el camino de separarse de la pareja o el de afrontar esa crisis juntos.

En la mayoría de los casos donde las parejas deciden seguir con la relación se suele generar una situación muy patológica de desconfianza extrema, en la que uno desconfía de que el otro le sea de nuevo infiel y este duda de que el primero confíe realmente en él.

Recomendamos que las parejas que decidan reunir el coraje para superar una infidelidad se apoyen en un psicólogo para que les pueda ayudar a conseguir el objetivo, porque se necesita de un tercero experto para poder afrontar una crisis de estas características y salir fortalecidos con un aprendizaje.

Vamos a acompañar de nuevo a Isabel en una segunda sesión donde se le prescribirá una herramienta clave que ya se apuntó en la primera junto con la novela del trauma y que desarrollaremos ampliamente ahora: cerrar el pico.

—Hola, Isabel, ¿has podido proteger a tus hijos de tu malestar estas dos semanas?

—Bueno, he procurado contenerme... Pero todo lo que me he mordido la lengua con ellos lo he soltado por partida cuádruple con mis amigas. Necesito sacar todo el daño y todo el mal con ellas...

—Muy bien, Isabel, iremos poco a poco, haber protegido a tus hijos es un pequeño gran paso. Con tu silencio consciente has sembrado una pequeña semilla en vuestro hogar, verás como ese silencio traerá resultados.

—Estoy segura, después de la anterior sesión me ayudaste a darme cuenta de que ellos no pueden ser mi salvavidas, que si me apoyo en ellos los hundo...

—Exacto, y ellos no te dirán nunca que les hacen daño tus palabras porque te quieren tanto que no desean hacer nada que te lastime. Pero, aunque no lo hayan manifestado, han cargado todo este tiempo con un peso que era demasiado grande para ellos.

—La verdad, yo no podía pensar en ellos porque ya tenía suficiente conmigo misma.

—Para tu recuperación, casi más del setenta por ciento será hacerte cargo de tu propio dolor.

—¿Qué quieres decir?

—¿Te acuerdas de que te prescribí que antes de reaccionar y escribir impulsivamente un mensaje o llamar por teléfono a tu ex escribieras lo que querías decirle y lo guardaras como un borrador?

—Sí, no me ha gustado hacer ese ejercicio de contención.

—Pues esa es, precisamente, una de las tácticas estrella de la prescripción que vamos a reforzar y ampliar y que llamaremos **«cerrar el pico»**.

Callar es volver a la salud

—Isabel, tú me dijiste que de jovencita trabajaste de peluquera, ¿verdad?
—Sí, lo recuerdo con cariño.
—Pues quiero que visualices que tu problema es como los piojos. ¡Tienes una epidemia de piojos invadiendo tu melena!
—¡Ay, qué asco! Ya me pica la cabeza.
—Pues cada vez que hablas del problema multiplicas los piojos. ¿Qué te parece?
—Horrible.
—Y como hablas y hablas sin parar estás contagiando a tus amigas, todas están colonizadas de tus piojos.
—Es espantoso.
—Y a la larga, peligroso. Tu salud mental está en peligro. Mira, hablar y despotricar es darle de comer a los piojos, te chupan tu fuerza y se multiplican.
—Y de nada sirve rascarse.
—No, solo te haces más daño, te enrabias más. Callar es dejar seco al piojo, un baño de silencio lo desconcierta y empieza a reducirse. Tú eres la que decide si quieres tener el coco infectado de piojos o eliminarlos. Y el silencio es el único champú realmente efectivo.

Isabel se siente confundida, pensaba que atreverse a contarlo era justo lo que necesitaba, por lo menos para aliviarse. Yo le conté que para sanar cualquier experiencia dolorosa es clave explicarla y tener al menos una persona de apoyo. Desde que sorprendió a su marido siéndole infiel es como si cayera desde lo alto de un trapecio, pero no se ha estampado contra el suelo porque tiene una red protectora formada por sus amigos, amigas, familiares, etcétera. Pero desahogarse con ellos era tan solo una primera etapa del proceso.

En ese primer momento el dolor debe expresarse para ser transformado. Esa expresión verbal en los inicios es necesaria para construir una red de apoyo, pero luego hay que evolucionar hacia otra etapa en la que hay que dejar de hablarlo públicamente.

—Me siento muy sola... Mi marido ha dejado un gran vacío dentro de mí...

—No digo que no veas a tus amigas y amigos, sino que no hables constantemente de lo que te ha pasado. Además, respecto a eso que dices del vacío, ahora no lo ves, pero cuando nuestra pareja se va, no nos vacía por dentro, sino que deja un espacio para llenarlo de todo aquello que queramos y decidamos.

—La señora soledad es la única capaz de hacerte salir del dolor de la traición amorosa. Necesitamos estar solos para poder sanar, para poder tener el coraje de sanar. Durante estos días, ¿has sido capaz de hacer la tarea que te prescribí, la novela del trauma?

—Estuve varios días pensándolo, pero no me apetecía hacerlo, creía que me pondría peor... Pero luego hablé con mi amiga, la que fue paciente tuya y me recomendó que viniera a tratarme contigo; pues bien, me preguntó qué tal me había ido la primera sesión, y yo, entre otras cosas, le dije que no estaba siguiendo las prescripciones. Entonces mi amiga me dijo «Aunque los ejercicios que te proponga Júlia te parezcan difíciles y creas que van a empeorarte, confía, porque, aunque es cierto que al cumplirlos tocas la desesperanza también lo es que, al mismo tiempo, empiezas a sentir una esperanza genuina, una luz que en todo ese tiempo no habías visto en medio de tanta oscuridad». Las palabras de Ada me llegaron muy adentro, lo suyo es objetivamente más grave que lo mío y ese comentario me dio fuerzas. Fíjate que en esta ocasión hablar no ha estado tan mal, ¿verdad?

—Pero esta vez no se ha tratado tanto de hablar, sino que has compartido con una persona que ha experimentado lo que es sufrir de verdad. Cuando compartimos con otros que han pasado por un sufrimiento mayor que el nuestro, nos ayuda a relativizar y sentimos alivio.

—Pues gracias a ese compartir con mi amiga encontré el valor y aquí tienes mi libreta negra.

—Muy bien, ¿cuántas veces has recordado la escena traumática vivida?

—¡Trece veces!

—¡Genial! ¿Y has notado diferencia entre la primera vez que la escribiste y la decimotercera?

—Mucha, porque las primeras veces apenas podía escribir. Al ponerme a recordar me rompía por dentro y me echaba a llorar. Era un llanto que me dejaba sin respiración y me nublaba la vista. Pero la última vez que me he puesto, lo he escrito. No me apetecía nada, pero lo he hecho porque tocaba, porque me lo habías pedido.

—¿La última vez también llorabas?

—No, no he llorado nada. Me he dado cuenta de que lo escribía todo más corto, más resumido y porque me lo pedías. Realmente ha sido muy distinto a la primera. Se nota que han cambiado cosas en mí. También me sucedió al principio que soñaba mucho y tenía pesadillas. Además, al prepararme para hacer el ejercicio estaba pensando en el asunto más que antes, pero seguí con él y un día, no sé cuál, noté que ya no pensaba ni la mitad sobre el tema y que me afectaba menos.

—Esto que me cuentas es el resultado de que has hecho un gran trabajo estos días. Te felicito. Porque indica que te has atrevido a atravesar el dolor para poder salir de él. Para dejar de sufrir hay que tener el coraje de sufrir.

Le pido ver su libreta y compruebo que cada vez que había explicado la historia del trauma había anotado también todo lo que pensó y sintió en ese momento. Después había añadido lo que le hacía sentir el hecho de pensar y reflexionar sobre qué hacer a partir del momento presente. La felicito por su coraje para curar sola su herida, sin apoyarse en nadie.

Isabel sonríe y dice sentirse más fuerte, aunque la rabia la sigue carcomiendo. Le pregunto cómo se expresa esa rabia y confiesa que en multitud de fantasías de venganza contra esos «dos cerdos» que le han destrozado la vida. Le pido que reflexione sobre un pensamiento de Epicteto: «Acusar a los demás de nuestras propias desgracias es consecuencia de nuestra ignorancia; acusarse a sí mismo es comenzar a entenderse, no acusar ni a otros ni a uno mismo, esa es la verdadera sabiduría».

—¡Me declaro del grupo de los ignorantes! Me tienes que ayudar a superar estos deseos de venganza, porque encima de que los malos han sido ellos, si no me controlo voy a acabar haciendo yo algo peor. ¡Qué rabia!

—Sí, es muy duro.

—Porque es así; además de soportar la traición, encima todo el peso ahora recae en tu fortaleza para recuperarte de algo injusto. Como has trabajado duro estos días podemos avanzar para seguir limpiando y desinfectando la herida. Así que, desde hoy hasta que nos volvamos a ver, quiero que cada día cojas papel y bolígrafo y les escribas una carta a él o a ella. Empieza poniendo el lugar y la fecha y añade «Querido Jorge...».

—¿Cómo que querido? ¡Si le odio!

—Precisamente por eso, porque la paradoja de poner «querido» te va a provocar que escribas desde las vísceras. Es una provocación terapéutica de tu terapeuta.

—Ah, bueno. ¿En serio tengo que seguir pensando en él? ¡Si lo que tengo ganas es de pasar página!

—Justo porque a mí también me interesa que pases página definitivamente debes hacer esta prescripción. Al esforzarte en recordar lo vas a olvidar, que es justo lo contrario a lo que estabas haciendo tú, intentabas olvidarlo y no hacías más que acordarte de él. Hay que recordar de manera concreta. De ahí la carta. Así que empieza con la provocación «Querido Jorge...», y a partir del encabezamiento escribe todo aquello que querrías decirle si no tuviera consecuencias. Suelta todas aquellas cosas que le dirías si tampoco tuvieran represalias. Si lo que tienes ganas es de insultarlo, maldecirlo, adelante, ese es el espacio. Si ese día quieres confesarle que lo echas mucho de menos, hazlo. Escribe todo lo que te salga hasta que quedes exhausta y con la sensación de no tener necesidad de decirle nada más. Entonces firmas la carta, doblas el papel y evitas releerlo, ¿entendido?

—¿Puedo elegir entre escribirle a él o a ella? «Mi querido Jorge» o «mi querida... ¡mamarracha!».

—Sí, tú decides, cómo si le dedicas la carta todos los días solo a él o en una misma te diriges a los dos a la vez. Tú decides hacia dónde canalizar ese malestar.

—¿Sigo también escribiendo la escena de cuando los pillé?

—Aunque has mejorado mucho porque te ha bajado la sintomatología quiero que escribas cuatro veces más la historia recordando cada vez más detalles, así nos aseguramos de atravesar bien la herida, ¿de acuerdo?

—Me parece bien, me costó mucho ponerme, pero ya que lo he conseguido que sirva del todo.

—Muy bien, Isabel. ¿Y ahora cuál crees que es la última prescripción que te voy a indicar y que debes concentrarte en hacerla muy bien?

—Cerrar el pico. Dejar de hacer la cacatúa, como decía mi profesora del cole.

—Muy bien. Aplica lo que llamamos «cerrar el pico». A partir de ahora hasta que te lo indique evita hablar de tu problema. Y si alguien te pregunta cómo estás, le contestas «Ahí voy, muchas gracias por preguntar». Y si te insisten, porque el cambio va a ser muy brusco para alguna de tus amigas que ya te llaman como si fueran a ver uno de esos programas de la prensa del corazón, les dices la verdad: «Te agradezco que preguntes porque significa que te importo y que te preocupas por mí, pero me he dado cuenta de que hablar del tema no solo no me mejora, sino que me empeora. Cuando lo hago los tengo más presentes y no me los quito de la cabeza, y estoy entrenando para saber vivir sin ellos. ¡Así que hablemos de otras cosas más divertidas y que nos hagan sentir bien a las dos!».

—Madre mía, esto me va a costar muchísimo. Tendré que decirme «Si hablo multiplico los piojos» cada dos por tres. Solo por el asco que me da yo creo que me ayudará a aplicarme el champú del silencio.

—Sobre todo, dítelo cuando estés frente a tus hijos. No les hagas cargar con tu mochila. Ellos te acompañan siempre para que el viaje y el peso del dolor sea más soportable.

—Sí, ha llegado el momento de no desbordarme y aprender a cerrar el pico.

El arte de convertir las lágrimas en perlas

En las profundidades de los océanos agitados, existen criaturas simples y pacientes que encierran un secreto de belleza y transformación: las ostras. Su historia es peculiar y única, marcada por un proceso de resiliencia que convierte el dolor en algo precioso. La ostra, cuando se ve invadida por un cuerpo extraño, como un grano de arena que viola su caparazón, no reacciona huyendo ni luchando. En su sabiduría natural, rodea el objeto extraño con capas de nácar y lo transforma gradualmente en una perla, un símbolo de sufrimiento convertido en un objeto de valor.

Podemos inspirarnos en este comportamiento de la naturaleza para establecer una analogía. En el caso de Isabel, el cuerpo extraño que ha entrado ha sido la traición. Esta ha penetrado su caparazón, su estructura emocional y ha amenazado la integridad de su mundo emocional. La traición, en su forma más dolorosa, es una mella en la confianza, un sedimento en el núcleo de nuestras relaciones más íntimas. Sin embargo, al igual que la ostra, tiene la capacidad de trabajar ese dolor y transformarlo en algo valioso.

Con Isabel hemos acompañado a una mujer que ha enfrentado la traición de la pareja que amaba. Con la infidelidad, se abre una herida en ella donde se aloja ese «grano de arena» que perturba todo su mundo. Isabel podría haberse dejado consumir por la traición, permitiendo que la amargura y la desesperación la sofocaran. En cambio, a través de la guía terapéutica, eligió el camino de la resiliencia.

Como la ostra, comenzó a trabajar en su dolor, rodeándolo de capas de comprensión y perdón, no necesariamente hacia su pareja, sino hacia sí misma. Con cada una, ella se convertía en una artesana de su propia recuperación, donde las lágrimas no eran signos de debilidad, sino ingredientes esenciales en la creación de su perla interior.

Esta perla, un tesoro ganado con esfuerzo, se convirtió en una metáfora de su viaje: las lecciones aprendidas, el crecimiento personal y la fortaleza encontrada en los momentos más oscuros.

Isabel descubrió que la resiliencia no es simplemente resistir el dolor, sino transformarlo. Cada momento de introspección y cada paso hacia el autodescubrimiento fueron como el nácar que la ostra deposita con suavidad sobre su invasor.

Al final, la perla que Isabel creó no fue un recordatorio de la traición, sino una celebración de su habilidad para superarla y evolucionar. A través de su dolor, encontró un nuevo propósito y significado, viendo la traición no como el final de su historia, sino como el comienzo de una nueva. En la vida de Isabel, y en las de todos nosotros, el dolor por traición puede convertirse en el catalizador para crear algo hermoso desde dentro, algo que brilla con la sabiduría del perdón y la luz de la fortaleza interna.

Cuando alguien nos traiciona y se va, deja vacío y dolor. Podemos sentirnos solos, abandonados, podemos sentir rabia y desesperación, pero cuando empezamos a trabajar en nosotros mismos, nos damos cuenta de que ese vacío es un espacio de libertad que podemos llenar con nuestras decisiones y un recordatorio de que el amor de nuestras vidas somos nosotros.

La historia de Isabel nos enseña que, aunque no podemos evitar que el grano de arena entre en nuestras vidas, sí somos capaces de elegir cómo responder ante él. Podemos permitir que cause irritación y sufrimiento, o podemos usarlo para producir una perla, un acto de creación que nos permite encontrar valor en nuestras vivencias más dolorosas. Y así, en el libro de la vida, las lágrimas se transforman en perlas, cada una contando la historia de una herida curada y una resiliencia ganada. El proceso debe hacerse de forma individual y en silencio.

Así que, igual que las ostras que se cierran cuando reciben algo malo, para realizar un proceso de transformación también hemos de aprender a practicar el arte de cerrar el pico.

NOTAS DEL CUADERNO DE ISABEL:

Ojo:

- Culpar a otros = ignorancia.
- Autocrítica = comienzo del entendimiento.
- No acusar a nadie = sabiduría.

Convertir mis lágrimas en perlas como las ostras. ¡Debo ser resiliente! Los resilientes no somos los que no fracasamos, sino los que nos levantamos de las caídas con un aprendizaje y transformados.

A menudo los problemas psicológicos empeoran por «soluciones intentadas disfuncionales».

- Intentar no pensar = pensar más. Paradoja.
- Intentar olvidar = fijarlo más en mi mente. Paradoja.
- Solución mágica: esforzarme en recordar de forma sistemática = olvidarlo en el presente e ir dejándolo en el pasado. Contraparadoja.

- Mi mente cuando me mostraba los *flashbacks* y las pesadillas sobre el tema no lo hacía para fastidiarme, sino que me enseñaba el camino de la sanación: enfrentarme al recuerdo para procesarlo. Me indica que la única forma de salir del dolor es atravesarlo.

Ejercicios de escritura:

- A través de las cartas de la rabia aceptaré y dejaré fluir esta emoción que me envenena como parte del proceso de sanación.

En definitiva:

- No debo tener prisa si quiero ir rápido y no buscar la eliminación del dolor, sino su transformación. ¡Que las lágrimas se transformen en perlas!
- El espacio que me ha dejado mi expareja puedo llenarlo libremente con lo que decida, no es un vacío, sino un espacio; no es una desgracia, sino una oportunidad.
- ¡Adiós al *sinceridicio* y más cerrar el pico!
- Si siento la tentación de hablar, visualizo los piojos saltando en mi cabeza, ¿voy a consentir ir por el mundo con la cabeza llena de piojos? ¡Pues claro que no! ¡La única manera de ahogarlos es con el champú del silencio!
- ¡Más silencio para callar mi ruido mental! Más cerrar el pico.

Novena psicosolución

Atente a la certeza de que no existen certezas.

Frase-antídoto:
«Cuando no acepto la incertidumbre, no acepto la vida».

> El que ama duda a menudo;
> el que no ama no duda jamás.
>
> Oscar Wilde

«Decidir» viene del latín y significa a la vez «cortar» y «resolver». Podemos imaginar la vida como un camino en el que de forma continua resolvemos los obstáculos que nos saldrán al paso. A veces, el camino se bifurca ofreciéndonos dos opciones que nos hacen plantearnos qué dirección queremos tomar. Escojamos la que escojamos el camino continúa, nuestra decisión corta con una de las opciones y resuelve para poder avanzar en nuestra vida.

Pero hay ocasiones en que es difícil tomar partido por una opción, incluso a pesar de que una se muestre positiva y la otra negativa. Muchas veces nos encontramos en la situación del burro de Buridán. ¿Conoces la paradoja?

Había una vez un asno que se encontraba frente a dos montones de heno exactamente iguales y a la misma distancia. No era capaz de decidirse por ninguno de los dos y, como consecuencia de su duda, se quedó quieto y se murió de hambre.

La paradoja de esta fábula evidencia que el burro, pudiendo comer, no lo hace porque no logra decidir qué montón es más conveniente. Muchas veces actuamos como este asno, nos centramos en dar vueltas y vueltas a nuestros pensamientos, a los pros y a los contras, y nos sentimos cada vez más bloqueados. Y cuántas veces esos bloqueos nos llevan a perder oportunidades.

Las personas en exceso analíticas a menudo caen en paradojas similares a la del burro de nuestra historia y, desafortunadamente, muchas veces encuentran un final semejante.

Cuando enfrentamos decisiones, las opciones que hemos de considerar rara vez se muestran equidistantes en atractivo, sin embargo, nos pueden parecer similares en su apelación. Como queremos tener la certeza de no equivocarnos en la elección, nos dedicamos a analizar minuciosamente, a sopesar los pros y los contras. Pero ¿qué ocurre con frecuencia? Que cuando uno tarda tanto en decidir porque duda sin cesar, o bien una de las opciones desaparece, o, en el peor escenario, perdemos ambas. Como hemos dicho, la indecisión es el mayor ladrón de oportunidades.

Para algunas personas el bloqueo viene del hecho de que la elección implica una renuncia. En efecto, decidir siempre implica renunciar a algo, porque cuando decidimos y tomamos una elección estamos rechazando un camino que, lo más seguro, ya no vamos a recorrer. Esta consciencia de renuncia afecta tanto al estado de ánimo del individuo que activa la emoción del miedo y queda, como el burro de la fábula, paralizado.

En consulta, no pocas veces me he topado con personas que afirman no haber elegido nada en la vida, pues la toma de decisiones les resulta tan problemática que han sido los demás —padres, amigos, etcétera— quienes han acabado decidiendo las cosas importantes. Sin embargo, esta autopercepción no deja de ser una ilusión. Como les explico con detenimiento no es posible que no hayan tomado ninguna decisión porque es algo que hacemos continuamente. El ser humano está condenado a tomar decisiones todo el tiempo, es una actividad tan incesante que solemos no darnos cuenta de que la ejercemos. Nuestra atención y consideración sobre lo que renunciamos se relaja ante las decisiones que nos parecen pequeñas y banales, aunque, sin embargo, algo tan en apariencia superficial como la elección de la vestimenta tiene un efecto concreto en el día que vas a vivir. Ninguna decisión es superflua, incluso cuando eliges si despertar de inmediato tras escuchar el sonido de la alarma del despertador o si quedarte un rato más remoloneando en la cama, estás tomando una decisión que afecta al presente y marca tu futuro inmediato, ese que siempre se despliega.

¿Existe la decisión correcta?

En realidad, no puedes tener la certeza de que una decisión es correcta hasta que no vives durante un tiempo esa decisión. Esto acarrea cierto vértigo para muchas personas que necesitan tener la sensación de control, la ilusión de certeza sobre lo que deciden y por ello entran en la dinámica de pensar demasiado sobre lo que han de decidir, intentando racionalizarlo todo. De hecho, desde el auge del racionalismo, la conciencia popular ha quedado impregnada de la idea de que lo mejor es tomar una decisión de la forma más racional posible, y que las decisiones del corazón son locas. Pero quienes piensan así no recuerdan lo que dijo Pascal en su día: «El corazón tiene razones que la razón ignora». A lo largo de mi experiencia como psicóloga sanitaria he llegado a una clara conclusión y es que todas las decisiones acaban siendo emocionales, pero las disfrazamos con la razón.

Lamentablemente, la mayoría de las personas no responden frente a las situaciones, sino que reaccionan. Hay que prepararse para lidiar con el malestar que crea una indecisión, pues eso nos otorgará un importante aprendizaje vital. Cuando la duda se vuelve paralizante y nos genera malestar no hay que tener prisa en escapar de él, sino que debemos aprovecharlo. Tenemos que acompañar el proceso con esta pregunta: ¿para qué me encuentro en esta situación que vivo como crítica?

En mi experiencia clínica a lo largo de todos estos años he constatado que cuando conseguimos tomar una decisión ante una situación compleja, algo de nosotros muere para que pueda nacer un aspecto distinto de nuestro ser. Es un proceso de aprendizaje y resiliencia cuyas fases hay que respetar, pues marcan el recorrido de la transformación. Nuevamente el mundo animal nos entrega una hermosa imagen que podemos tomar como metáfora: hay que pasar de ser huevo a oruga, de oruga a crisálida, para por fin devenir mariposa.

Dónde colocarías la toma de decisiones: ¿en el pasado, en el presente o en el futuro?

La toma de decisiones se coloca en un futuro inmediato, pero ninguno podemos controlarlo. No tener esa seguridad nos produce miedo, por eso tomar una decisión siempre implica coraje. Quedarse detenido en la duda buscando la seguridad de una respuesta que controle el futuro genera, paradójicamente, descontrol y un desequilibrio en el orden psíquico y vital. Decidir no decidir es dejar de manejar tu vida. Y es entonces cuando otros pueden manipularte. El bloqueo por duda es una manera de intentar salir del movimiento que implica vivir. Pero si no vives, es que estás muriendo. Como ves, la parálisis por duda es algo que, si mantienes en el tiempo, puede resultar muy peligroso.

¿Cuáles son los tres principales errores al tomar una decisión?

En general, son actitudes que en un inicio parecen estar destinadas a facilitar la toma de decisiones, pero que, si se extreman en frecuencia o intensidad, acaban convirtiéndose en un problema.

1. **El primer error es el exceso de búsqueda de información.** En un inicio es bueno informarse previamente antes de tomar una decisión porque, como siempre digo, el conocimiento es fuerza. La información es como llevar un paracaídas antes de decidir saltar del avión. El problema es que pensamos que esa información nos otorgará la seguridad de tomar la decisión correcta. Ese es el error. Ninguna

información te dirá qué va a ser correcto en tu vida. Y entonces aquí se cae en la trampa de querer sobrepensar las cosas, y de saber demasiado. Frente a estas situaciones hay que aprender a pensar lo justo y necesario. El conocimiento también debería ser el preciso y necesario, ni más ni menos.

El exceso de información nos lleva a hiperracionalizar, es decir, a preguntarnos continuamente el porqué: por qué debo tomar esta decisión, por qué debo elegir la otra, etcétera. Al analizar tan exhaustivamente cada opción acabamos pensando más allá de lo pensable y nos bloqueamos. Y es que pensar demasiado bloquea las sensaciones, el cerebro reptiliano, ese más visceral y tan fundamental en la toma de decisiones. Acabamos sufriendo parálisis por sobreanálisis.

2. **El segundo error para la toma de decisiones es preguntar a otro qué haría.** En un inicio puede ser una buena maniobra si se elige preguntar a una persona que se tenga como referente o experta y de la que realmente valores su respuesta. Pero lo que no solo no funciona, sino que hace que el ruido mental aumente de forma exponencial es no parar de preguntar de manera indiscriminada. Este error es, además, perjudicial, porque cada persona a la que se le traslada la pregunta opina desde su subjetividad ilustrando el tema con más conocimientos y razones, los cuales son nuevos aportes para seguir comiéndose el coco. En consecuencia, quien ha de tomar la decisión, en vez de tranquilizarse, se pone más y más nervioso. Buscar consejo constantemente puede ser contraproducente, sobre todo si falta confianza en uno mismo, ya que puede llevar a depender en exceso de las opiniones de otros y minar la capacidad de tomar decisiones propias.

3. **El tercer error, que puede parecerte igual, pero que contiene un matiz diferente, consiste en pretender que los**

demás elijan por ti. Las personas que deciden vivir la vida que otros han considerado que deben vivir al final son muy infelices y se sienten constantemente insatisfechas. De hecho, en este sentido, las crisis de los treinta, cuarenta y cincuenta años serán muy fuertes y probablemente acabarán sufriendo un severo problema de ansiedad y depresión porque se darán cuenta del hecho de que viven vidas que otros les han pedido que vivan, no las que ellos habrían elegido para sí. Así que, progresivamente, se debilitarán y desconfiarán cada vez más de sí mismos, construyendo una trampa realmente peligrosa. Y es que la autoridad sobre la propia vida y las elecciones y los caminos que se toman son cuestiones que competen a cada individuo; no hay nadie más pertinente, ni siquiera un experto en psicología ni una eminencia ni el mismísimo papa de Roma. Como decía Miguel de Cervantes: «Cada uno es artífice de su propia ventura». Así que toma el mando de tu vida. Esa actitud significa asumir que somos los principales artífices tanto de nuestros éxitos como de nuestras desgracias.

En los siguientes dos capítulos acompañaremos a Juan, un hombre de cincuenta y dos años educado, elegante y culto. Está casado desde hace veintitrés y tiene dos hijos de trece y nueve años. Es un emprendedor que ha conseguido construir una gran empresa de la nada. Amante de la música y de la lectura en su tiempo libre, toda su vida se ha desbaratado desde hace dos meses.

Cuanto más intentes buscar la coherencia, más incoherente te sentirás

Juan se presenta en la consulta muy nervioso, hecho un lío, tan angustiado que es incapaz de mantener un lenguaje neutro y educado, como es su costumbre cuando trata con nuevas personas. Lo animo a que se exprese tan espontáneamente como quiera. En consulta puede hablar desde las vísceras, sin importarle la corrección. También está algo azorado por verse en la clínica de una psicóloga, ya que solía ser de la creencia de que eso no iba con él, que nunca lo iba a necesitar. Nuevamente, con humor, le quito hierro al hecho de que la vida le haya llevado la contraria. Al fin y al cabo, la vida está llena de problemas y mi línea de actuación se enfoca, precisamente, en resolverlos. Más animado por esta observación reflexiona sobre que él normalmente tiene las cosas muy claras en los negocios, por ejemplo, ámbito en que siempre sabe qué opción tomar. Por eso le tiene doblemente perturbado la situación en la que está inmerso, pues le ha catapultado a un marasmo de incertidumbres, dudas y preguntas acechantes del que es incapaz de salir. Un nuevo Juan, dubitativo, ausente con los suyos, ensimismado y absorbido por una mente febril e irresolutiva se ha apoderado de él, y este es un estado que no le gusta nada. Aunque le cuesta entrar en materia, porque algo de lo que tiene que contar, claramente, le da mucha vergüenza, es fiel al carácter que conoce de sí mismo y en vez de que yo tenga que sonsacárselo a través de preguntas decide ser franco e ir al grano.

Así, me cuenta que estaba felizmente casado, consideraba que su mujer y él formaban un gran equipo. Se deshace en palabras bonitas para con ella, y asegura estar muy orgulloso de todo lo que han construido juntos. Si bien es cierto que la crianza de sus dos hijos ha provocado un desgaste en la pareja, esto es compensado con una sensación de paz y armonía. Sin embargo, se siente terriblemente avergonzado por algo que ha sucedido y que escapa a su control.

—Yo soy un hombre fiel, con mis valores muy claros. Pero ahora..., bueno, te cuento. Antes de casarme, de joven, siempre estuve muy enamorado de una chica de mi pueblo, Desiré. Yo era un chaval y bebía los vientos por ella. Me parecía una diosa y tuve que reunir todo mi valor para declararme un día en las fiestas del pueblo. Pero otro me había tomado la delantera y ella me dijo, con aquellos ojazos llenos de misterio, que era una lástima que no me hubiera decidido antes, porque ahora no podía ser. Ese amor se quedó ahí, como un sueño que no pude hacer realidad.

Juan me sigue contando que de vez en cuando, incluso ya casado, el recuerdo de Desiré vuelve y le hace preguntarse cómo habría sido su vida si se hubiese decidido a declararle su amor antes. La realidad se impuso y tuvo que pensar en tantas cosas para sacar a la familia y el negocio adelante que esa ensoñación perdió fuerza. Pero de pronto, hace dos meses, se reencontró con Desiré por casualidad en una cafetería, y toda la fuerza de esa ensoñación y de aquel amor no vivido recobró el empuje de antaño.

Me narra el encuentro con pelos y señales, demorándose en el impacto que le causó el aspecto físico de Desiré, que sigue luciendo un encanto y una frescura juveniles. Quizá, aventura, se deba a que con los hombres no le ha ido bien, tal y como ella le explicó más tarde, y por ello no ha tenido hijos. Eso le hizo a Juan pensar que esos hijos era él y solo él quien se los debía proporcionar. En realidad, en cuanto se vieron, la química se volvió a instalar desde el primer minuto. El empleado que estaba con Juan hizo un discreto aparte y ellos se quedaron electrizados hablando toda la tarde. Él suspendió una reunión e inventó otra para no tener que ir a recoger a su hijo del básquet y poder seguir charlando con ella.

—En cuanto la vi me dio un golpe al corazón, en ese instante fue como si mi amor de juventud se levantara y gritara «¡Muchacho, aquí tienes tu segunda oportunidad!».

Esa segunda oportunidad se dibujó como una posibilidad factible desde el primer momento. Además, Juan experimentó un deseo que ya no sentía por su mujer. Era evidente que Desiré también lo experimentaba, pues se desnudaban el uno al otro con la mirada. Hacía tiempo que Juan no se sentía tan vivo. A cierta hora tuvo que despedirse, porque aunque a ella no la esperaba nadie en casa, a él sí, y sería extraño justificar un retraso tan grande. Pero ni bien estaba subiendo en el ascensor recibió un whatsapp de Desiré y ya no pudo dejar de escribirle encerrado en el baño. La fiebre de esa pasión comenzó a consumirlo, y con ella una realidad paralela en que se veía haciéndola feliz, dejándola embarazada, mudándose a un sitio paradisiaco y comenzando algo nuevo, dichoso y grande.

—Júlia, desde ese encuentro he enloquecido, vivo dos vidas, mi mente está en dos mil sitios a la vez. No paro de imaginar cómo sería vivir con esta mujer y todo me resulta tan fresco, tan emocionante..., pero luego tengo que bajar a la tierra y no puedo, todo me fastidia y me siento culpable por no estar más atento a los problemas de mis hijos o a lo que me explica mi mujer. Desde que me reencontré con Desiré la posibilidad de otra vida se ha plantado en mi cabeza y con ella la duda. ¿Es el momento de acabar con mi matrimonio y empezar por fin esta historia de amor con la que tanto soñé?

—¿Y qué te contestas?

—No lo hago, solo me como el coco analizando los pros y los contras.

Como tantas personas con tendencia analítica, Juan hace listas para ordenar sus pensamientos y luego las rompe avergonzado. Se siente terriblemente culpable. Todo el asunto choca con sus valores, y la historia, aunque no ha pasado a un encuentro carnal, ya la considera una infidelidad. Y ser infiel es algo que no soporta.

—Me siento atascado, sucio y también muy vivo. Es todo tan contradictorio. No sé vivir con la contradicción. Necesito aclararme y que me ayudes a decidirme.

—Te entiendo perfectamente, porque los humanos somos contradictorios y coherentes, así que ¡bienvenido al club de los mortales!

—Esto no me define, siempre me he considerado un hombre muy coherente y tengo mi reputación, ¿sabes? De hecho, la gente me admira porque hago muchas cosas y todas acorde a mis valores y a lo que siento.

—Eres excepcional entonces, de los pocos que pueden defender la coherencia a toda costa.

—Es por lo que he intentado regirme toda mi vida.

—Y es una actitud que te ha funcionado hasta ahora. Pero, Juan, escúchame bien, para solucionar la situación en la que estás, cuanto más intentes buscar la coherencia, más incoherente te sentirás.

—Lo sé porque lo estoy padeciendo. Por eso he venido a ti. Me han dicho que eres pragmática y resolutiva en pocas sesiones. Y eso es lo que necesito, porque el trabajo de listas de pros y contras, de si dejo a mi mujer o no, únicamente ha potenciado que me coma aún más el coco. Y que lo que me está ocurriendo tenga que ver con un trauma de la infancia me parecería una hipótesis muy poco responsable. Esto me compete a mí y debo resolverlo yo en el presente, no buscar culpables. Necesito solucionarlo. ¿Podrás ayudarme?

Los lemas en cuarentena

—Ya veremos... Para comenzar te pregunto: ¿serás capaz de dejar de defender la coherencia a toda costa?
—¡Es el lema de mi vida!
—A veces hay que poner los lemas en cuarentena.

Juan se queda asombrado ante esta información y lo invito a reflexionar sobre que la coherencia es pensar, sentir y hacer algo en la misma dirección. Por ejemplo: pienso que quiero salir con mis amigos, me siento feliz por ello y lo hago. Eso es la coherencia, pero en la vida más bien vivimos en contradicción. Seguro que él ha experimentado alguna situación inofensiva al respecto, por ejemplo, pensaba salir con amigos, pero justo antes de hacerlo se ha sentido inundado por una sensación de cansancio que dispara la duda: ¿seguro que me apetece salir? No es infrecuente desoír esas sensaciones y pensamientos que bloquean nuestra decisión inicial y, a pesar de la sensación, sobreponerse y acabar yendo al concierto. Por supuesto, Juan ha experimentado ese tipo de incoherencia.

—Y luego, si vas al concierto, la mayoría de las veces te lo pasas bien.
—O no. No tenemos la certeza de qué resultará mejor: si atender a las sensaciones del cuerpo y quedarnos en casa, o ser incoherentes y seguir con el plan original. El ejemplo es de una cosa pequeña, sin importancia, pero es útil para que precisamente te des cuenta de cuán fácil resulta que la incoherencia se infiltre en nuestras vidas.

Juan no ha reparado hasta el momento en el asunto de que muchas veces está zarandeado por la incoherencia, pero ahora puede afirmar que sí, que ha vivido con pequeñas contradicciones. Pero el caso que me presenta es grande, y puede dar un giro drástico a su vida, la cual ya está modificando por completo.

—Juan, tú sabes que construimos nuestra vida según las decisiones que tomamos. Eso, por una parte, da libertad, pero, por otra, produce vértigo.
—¡Vértigo! Eso es lo que siento sobre todo.
—¿Y qué te hace sentir vértigo?
—No quiero hacer daño a nadie. Pienso en mi mujer, en mis hijos, en el dolor que les puede producir mi decisión y... no se lo merecen. Y también pienso en Desiré, ella también se está haciendo ilusiones, podríamos ser tan felices... ¡Lo noto! ¡Lo he querido toda mi vida! ¿Cómo acertar sin herir al resto?
—¿Crees que es posible no dañar a nadie con nuestras decisiones?
—Supongo que no.
—Bueno, pues esta es la realidad de la situación. No puedes ser coherente. Piensas y sientes cosas contradictorias, por lo cual no puedes decidirte y actuar. No te ves capaz de afrontar el vértigo que conlleva una decisión.

El ideal de la certeza es una trampa

—Es que para decidirme debería tener la certeza absoluta de que hago lo mejor para todas las partes. El no tenerla me está volviendo loco.
—En realidad, no tener la certeza es lo común, es lo humano.
Esta afirmación relaja a Juan, quien se queda un rato meditando sobre ella. Dice haber intentado ser siempre el mejor: el mejor marido, el mejor padre, el mejor jefe. El ser ahora uno más entre los mortales le quita presión.
—Puedes ser el mejor padre, el mejor marido y el mejor jefe, pero eso no te salva de ser un mortal más sometido a la incertidumbre. Mira, te voy a proporcionar una frase que te servirá como antídoto a la desazón en todo el proceso: cuando no acepto la incertidumbre, no acepto la vida.
—Esta frase es fuerte para mí.
—Vas a tener que mantenerte durante un tiempo en la incohe-

rencia, por muy molesta que sea. En última instancia la vida te ha puesto en una situación en la que la única certeza que tienes es que no tienes certeza alguna. No sabes qué es lo mejor. Aceptar esa incertidumbre, esa incoherencia, es aceptar la vida, Juan.

SER COHERENTE:

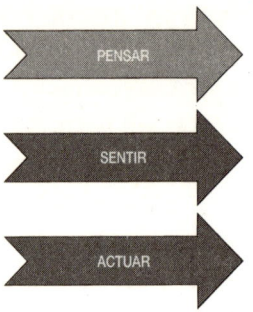

SER CONTRADICTORIO:

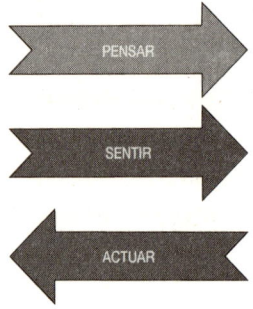

SER CONTRADICTORIO:

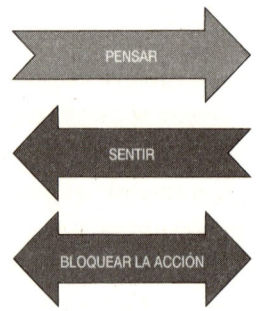

PARA MANEJAR LA CONTRADICCIÓN HAY QUE ABRAZARLA Y CONCENTRARSE EN ACTUAR HACIA UNA DIRECCIÓN

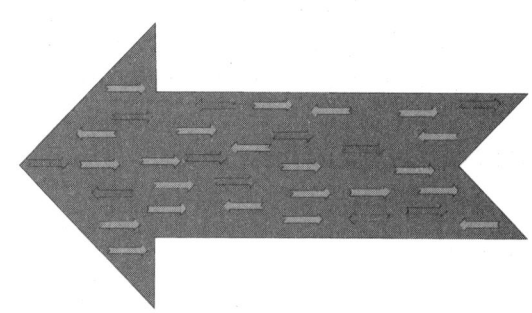

La coherencia absoluta pertenece a otro mundo, no al de los humanos. Como dice Nardone: «No conozco persona que sea absolutamente coherente con sus pensamientos y acciones porque oscilamos sin cesar, empujados por los vientos de las pasiones y las ráfagas de los deseos, somos absorbidos por los torbellinos de nuestros tormentos y arrastrados por las corrientes del sufrimiento, reconfortados por nuestros éxitos para después ser arrojados al suelo por las desilusiones, exaltados por el amor o aniquilados por el rechazo». Para prevenir caer en la psicotrampa de la coherencia a toda costa es necesario aprender a aceptar las incoherencias ajenas y propias y evitar ser crueles con nosotros mismos y con los demás por no ser coherentes.

¡Alerta! La inercia de las soluciones fallidas

Para continuar progresando en el caso de Juan le hago la pregunta que me ayuda a valorar las soluciones que el paciente ha aplicado para salir del problema. Desde el punto de vista de la TBE muchas veces lo que los trae a la consulta no es en sí mismo un problema, sino que el problema es la solución que se está aplicando para resolverlo. Cuando usamos con insistencia una solución que no funciona, las llamamos «soluciones intentadas fallidas». A pesar de que constatamos que no producen el efecto deseado, por inercia seguimos insistiendo en esa solución fallida, lo cual acaba aumentando el problema o desarrollando nuevos.

A la pregunta de qué ha intentado hacer para resolver este problema contesta que lo que hace siempre: analizar la situación, escribir listas de pros y contras y calcular riesgos. Este sistema siempre le ha funcionado.

—¿Y ahora?

—Ahora todo el análisis se convierte en un disco rayado, paso por los mismos pensamientos una y otra vez, pero no encuentro el camino para avanzar hacia una solución.

—Te pasa como al burro de la historia.

—Cuéntame esa historia, que no me la sé.

—Había una vez un burro acostumbrado a recorrer la misma ruta diariamente, transportando su carga de un pueblo a otro. Su camino incluía el cruce de un río, una tarea que realizaba con la misma rutina invariable. Una noche, una tormenta feroz derribó varios árboles, uno de los cuales cayó y bloqueó su paso habitual por el río.

»A la mañana siguiente, el burro se preparó para su jornada como de costumbre. Todo transcurría con normalidad hasta que llegó al río y encontró el tronco caído impidiéndole el paso. Movido por la costumbre y determinado a mantener su camino intacto, intentó empujar el tronco con su cabeza, creyendo que así podría despejar su ruta habitual. Pero el árbol era inamovible y, a pesar de los esfuerzos del burro, no se movió ni un centímetro.

»Convencido de que solo necesitaba ser más fuerte y persistente, el burro aumentó la intensidad de sus embestidas, y se golpeó una y otra vez contra el tronco con la esperanza de moverlo. Con cada intento fallido, su frustración crecía y sus embates se hacían más desesperados y poderosos.

»¿Puedes adivinar el desenlace de esta historia? Lamentablemente, el burro, incapaz de reconocer la inutilidad de su estrategia y de adaptarse a la nueva circunstancia, continuó hasta que las heridas resultantes le causaron la muerte y fue arrastrado por la corriente del río.

»Te cuento esta historia para recordarte que por mucho que una solución te haya funcionado siempre es importante repensar nuestras actuaciones cuando enfrentamos problemas aparentemente insuperables, en especial aquellos que se resisten a las soluciones comunes. También es importante saber que, aunque un problema parezca el mismo, si ya ha pasado un tiempo la solución que antes lo había resuelto puede que ahora no funcione y que, en vez de mantener la misma solución, sea más estratégico pensar una nueva. Porque si hay un problema, hay siempre una solución, y a veces los más complejos requieren medidas simples que no conseguimos ver porque nos empeñamos en resolver los problemas con las soluciones que antes nos habían funcionado sin pararnos a reinventarnos y a replantearnos nuevas soluciones. Albert Einstein nos diría: «Si quieres obtener resultados distintos, no hagas siempre lo mismo». Pero a las personas nos cuesta cambiar, hay que aceptar que somos un poco como el burro.

—Sí, Júlia, se puede decir que me está pasando como al burro de tu historia. Me estoy empeñando en utilizar mis herramientas de análisis, pero es obvio que no me ayudan a apartar el tronco del camino. Pero son lo que conozco, lo que me ha permitido controlar las situaciones difíciles en mis negocios, por ejemplo. Y no quiero perder la sensación de control.

—Sin embargo, la has perdido.

—Sí.

—Has abusado demasiado del análisis y todo abuso genera un daño.

¿Pensar demasiado o enajenarse? Falsa disyuntiva

Pensar demasiado hace daño y acarrea muchos sufrimientos. Hay una frase del filósofo Kant que nos alerta: «Pensar es el motor del conocimiento y de la creatividad, pero también de la obsesión». Pensar es necesario, pero pensar demasiado hace daño. A menudo las personas nos preocupamos y sufrimos por situaciones que no podemos controlar o que no han sucedido, lo que nos lleva a caer en una espiral de preocupaciones y rumiaciones. Estas preocupaciones excesivas pueden conducir a problemas de salud mental como ansiedad, depresión y afectar negativamente nuestra calidad de vida.

—También he intentado otra cosa.
—¿El qué?
—Bloquear lo que siento por Desiré.
—¿Y cómo lo has hecho?
—Lo he intentado, pero no lo he conseguido. Intento estar más con mi mujer, pero enseguida me distraigo, entonces ella me dice que tengo la cabeza en las nubes, yo me siento culpable, trato de ser amable, pero mi mujer se irrita conmigo porque me ve raro y no entiende lo que me pasa y yo me siento más culpable. Luego voy al baño, veo un mensaje de Desiré y empiezan las fantasías. Hay un punto en que intento bloquear la emoción y me pongo a hacer algo mecánico y enseguida me da acidez de estómago. Es todo un cóctel terrible que me desquicia. Intento poner un cortafuegos a la pasión que siento y al final el fuego lo tengo en el estómago. He empezado a tomar protectores porque tengo miedo de que me salga una úlcera.

Juan está intentando enajenarse de lo que siente, es otro intento de solución que pasa por no permitirse sentir lo que se considera incorrecto. Pero, como vemos en su relato, esto no acaba anulando ese sentimiento, sino que pone más en jaque su salud mental, incluso somatizando el problema. Con el intento de bloqueo entramos en una paradoja, porque no podemos dejar de sentir lo que ya sentimos. Juan no ha decidido de forma voluntaria que le guste tanto esa mujer, ha sido inevitable, una fuerza de la naturaleza, pero por la circunstancia de su vida ese sentimiento le genera culpa y malestar. El fenómeno que ha experimentado tiene que ver con la relación que existe entre los estratos mentales que conforman la evolución de nuestro cerebro, es decir, con la dinámica entre los impulsos primitivos y las sensaciones arcaicas y las reflexiones y los razonamientos de grado superior. El paleoencéfalo, que es la parte más arcaica del cerebro donde residen los compartimientos más instintivos y las funciones vitales para la supervivencia, no coincide con el telencéfalo, que es el neocórtex, donde elaboramos las informaciones más complejas.

El sufrimiento psicológico y emocional proviene de nuestros intentos de controlar y evitar pensamientos y emociones desagradables o que consideramos incorrectos. En lugar de luchar contra estos pensamientos y emociones hay que aprender a ganarlos sin combatir con ellos, entendiendo que son parte de nuestra configuración, de nuestra experiencia humana. Es necesario conseguir hacernos amigos del supuesto enemigo, abrazar ese malestar que se genera para que «transcurra» y desaparezca. O como diría Epicuro: «La naturaleza no se fuerza, se persuade».

Una tentación acotada

—Juan, sé que te sientes en un atolladero y que resulta muy incómodo, pero si tienes alguna pequeña esperanza de que yo decida por ti, ya te la puedes ir quitando de la cabeza, porque nadie puede elegir mejor el camino que tú.

—Lo sé.

—Para salir de este enredo lo primero que debes entender es que lo que te sucede es humano. Tu principio de ser coherente a toda costa no te sirve ahora, de hecho, es un impedimento. Tampoco sirve bloquear una emoción que no puedes controlar. Cuanto antes abraces la ambivalencia que sientes, antes saldrás de esta situación.

—Quieres decir que no he de intentar escapar de lo que me está pasando.

—Cada vez que pretendes suprimir lo que sientes por esa mujer, cada vez que te lo prohíbes, estás reforzando que ese sentimiento sea irrenunciable. Oscar Wilde lo dijo de una manera muy expresiva: «La única forma de librarse de la tentación es ceder ante ella».

—¿Cómo? ¿Me estás diciendo que esté con las dos al mismo tiempo?

—Sería una solución diferente a la que has intentado y podría ayudarte. Otra solución posible es que delegues la decisión en ellas, que sean las que elijan.

Juan empieza a entender que hay soluciones que ni tan siquiera había imaginado. Se ha quedado con la idea de que lo mejor para vencer la tentación es caer en ella. Le recuerda a una vez que se puso a dieta por un desarreglo del hígado. Le prohibieron el chocolate, el queso y las grasas y, a pesar de que no le gustaba especialmente, desde que se lo prohibieron no hacía más que ver chocolate por todos los lados, incluso soñaba con él.

—Exactamente, funciona así...

—Desiré está todo el tiempo en mi cabeza como el bombón y el premio más exclusivo de la vida, y aunque mi yo más recto me lo prohíba, no puedo parar de desearlo.

Le digo que lo ha expresado muy bien. Además, hay que añadir que Desiré también es algo que viene de una situación no resuelta del pasado, y a la vez significa algo nuevo.

—Juan, ¿cuántos años llevas con tu mujer?

—Veintitrés. Y tenemos dos hijos. Y una hipoteca. Y muchas obligaciones que me atan. Cuando pienso en mi familia me inunda el peso de la responsabilidad, pero también el amor, y por todo ello una culpa inmensa. Cuando pienso en Desiré me siento ligero, lleno de energía y de pasión, y enseguida otra vez me invade la culpa por sentirme así. Intento ser un marido y un padre funcional, aunque mi cabeza está en otra parte, y sobre todo callo para proteger a todos a mi alrededor. No sé cómo gestionar esta bomba. Me torturo. Mi mente me tortura. ¿Qué puedo hacer para salir de mi mente, estar tranquilo y decidir?

—Te voy a pedir que hagas dos prescripciones que te parecerán muy raras y extrañas, pero que es importante que las lleves a cabo al pie de la letra. El próximo día te explicaré para qué funcionan. Primero experiméntalas y vívelas sin demasiadas interpretaciones. Luego, en la próxima sesión, las comentamos.

»Me gustaría que desde hoy hasta que nos volvamos a ver te concedas media hora de pasión diaria con tu amiga Desiré. Es decir, cada día vas a un sitio donde no te pueda molestar nadie y durante media hora piensa en que todas tus fantasías amorosas y sexuales se realizan como las sueñas y permítete sentir todo lo que tengas que sentir. Si quieres aprovechar para autoestimularte, hazlo. Permítete imaginarte disfrutando y sintiendo el máximo placer de tener a esta mujer contigo. Cuando suene la alarma a la media hora, te detienes, te lavas con agua fría y sigues con tu día. Aunque la imagen y los pensamientos sobre Desiré sigan en ti los dejas como si fueran nubes que te sobrevuelan y como mucho les dices «Mañana, en la próxima media hora, vuelvo a tener una cita contigo, Desiré».

Juan no sale de su asombro ante la prescripción, le alarma que esto pueda dispararle aún más la pasión, «el calentón», como lo denomina él. Le evidencio que él justo ha hecho lo contrario y que, al reprimirse, se le había llenado la cabeza con todo tipo de fantasías. La prescripción es una tentación acotada.

—En mi experiencia, si uno abraza la ambivalencia y la sostiene en la cabeza, la tentación dura máximo ocho meses. Si, en cambio, no te lo permites, si bloqueas la emoción, este tiempo aumenta de manera indefinida. Pero si haces lo que te indico, podemos conseguir que disminuya el tiempo a dos o tres meses.

—De acuerdo, solo quiero tener la certeza de que va a ir bien y de que decidiré bien.

—Acuérdate de la frase-antídoto: «Cuando no acepto la incertidumbre, no acepto la vida». Oscar Wilde de nuevo te diría: «El que ama duda a menudo, y el que no ama no duda jamás». Wilde captura la paradoja de que a menudo quienes más amáis sois los que más dudas tenéis, pues el miedo a perder lo que uno valora puede provocar incertidumbre.

—Dicho así mis dudas me hacen sentir menos canalla y más humano. Pero siempre he sido capaz de acallarlas y ahora me produce mucho vértigo no poder controlar el resultado.

—Atente a la certeza de que no existen certezas, Juan. Yo no sé cómo va a acabar este proceso porque no puedo decidir la vida por ti, pero sí sé que si no abrazas la incoherencia, la ambivalencia, la incertidumbre de la vida, estarás peleándote con ella y el combate será muy muy largo.

—Pero es que tengo miedo de que, si me entrego a la fantasía durante media hora, quiera cada vez más.

—Confía en esta prescripción. Atente escrupulosamente al

horario de media hora y experimenta a ver qué pasa. Además, la apoyaremos con otra prescripción. Vas a trabajar una herramienta muy eficaz: ¿cómo empeorar la situación?

—Mira, ahora me has hecho reír.

—Pero no es una broma. Durante estos días, hasta que volvamos a vernos, pregúntate repetidamente «¿Cómo podría empeorar las cosas?, ¿cómo podría, si quisiera, voluntaria y deliberadamente, incrementar la situación problemática en la que me encuentro?, ¿cómo debería pensar o no pensar para empeorar aún más las cosas?». Y escribes las contestaciones que te des.

—Madre mía. Ahora mismo no sé si voy a sobrevivir a estos dos ejercicios que me propones.

—Te toca ser valiente, Juan.

—Sí, esa es la verdad. Y cuando me salga la vena controladora ya sé que tengo que decirme «Cuando no acepto la incertidumbre, no acepto la vida». Al fin y al cabo, es lo único que de verdad tenemos, ¿no? La vida. Así que más vale aceptarla con todo lo que trae consigo.

La técnica de «cómo podría empeorar las cosas» representa, la mayoría de las veces, el primer paso que uno mismo debe dar para producir reacciones alternativas a las que están en curso. Al realizar preguntas que implican la voluntad de empeorar, la persona que se encuentra en una situación difícil y aparentemente sin solución amplía su registro de visión y comprensión. En general:

a) La persona puede identificar varias estrategias de pensamiento y acción que podrían empeorar aún más su situación. Esto le permite comprender qué debe evitar, ofreciendo una manera efectiva de cortar posibles «soluciones intentadas» que podrían perpetuar o agravar el problema.

b) Con frecuencia, al intentar imaginar cómo podrían complicarse aún más los problemas, emergen soluciones creativas y hasta ahora inéditas. Este fenómeno, bien documentado, se basa en el uso de la lógica paradójica, que facilita un diálogo interno de la mente consigo misma. Como decía Lao Tsé hace unos dos mil años: «Si deseas enderezar algo, primero intenta torcerlo aún más».

NOTAS DEL CUADERNO DE JUAN:

- Debo aceptar esta ambivalencia emocional como parte de la experiencia humana. Debo abrazar estos sentimientos en lugar de reprimirlos para entenderme mejor y saber cómo actuar.
- **Técnicas sugeridas:**
  - **Media hora de pasión:** me tengo que conceder media hora diaria para imaginarme libremente una vida con Desiré, permitiéndome que estos pensamientos fluyan sin restricciones.
  - **Análisis de decisiones:** dejar de pensarlas, posponerlas y concentrarme en realizar las indicaciones de Júlia.
  - **Emplear la técnica de «cómo empeorar la situación»** para identificar y evitar comportamientos que agravan el problema. Me puede ayudar a explorar soluciones creativas surgiendo de la lógica paradójica, guiando a la mente a dialogar consigo misma para encontrar caminos inesperados hacia las soluciones.
- **Muy importante:** la coherencia absoluta en pensamientos y acciones es inalcanzable para cualquier ser humano. Tengo que aceptar mis contradicciones internas, porque es la puerta para lograr una resolución más auténtica y personal de mi conflicto.
- La vida viene con incertidumbre inherente. No puedo escapar de mi sombra, no puedo escapar de la incertidumbre.
- En lugar de intentar eliminar dudas e interrogantes, debo aceptarlos como partes inseparables de mi existencia.
- Quienes aman experimentan dudas con frecuencia.
- No tengo que hacer como el burro de Buridán que ejemplifica la parálisis por análisis, donde la incapacidad de decidir lleva a la inacción, a menudo resultando en la pérdida de ambas oportunidades presentadas.
- La decisión es vista como un corte necesario para avanzar en la vida. Decidir implica rechazar otras opciones, y por lo tanto siempre involucra renuncias, afectando profundamente a las personas sensibles. Hemos detectado que aquí tengo mi principal miedo.

- Cada vez que me atore porque no tengo las cosas claras, cada vez que la emoción de la culpabilidad me deje como un trapo, cuando me acojone porque no sé cómo va a acabar todo esto, he de recordarme: «cuando no acepto la incertidumbre, no acepto la vida».

Décima psicosolución

La duda es el motor del conocimiento, pero también de la obsesión.

Frase-antídoto:
«Sobreanalizar me paraliza».

Ama las preguntas mismas como si fueran habitaciones cerradas o libros escritos en un idioma muy extraño. No busques ahora las respuestas que no te puedan ser dadas porque no las podrías vivir.

Rainer Maria Rilke

El asalto de pensamientos aterradores o dudas que socavan tu seguridad se puede experimentar como caer en arenas movedizas. El instinto puede llevarte a moverte frenéticamente para escapar, pero con cada movimiento te hundes más. De la misma manera, cuando no paras de pensar, intentando no pensar más, los pensamientos te asaltan, más intranquilo estás y más caes en el bucle obsesivo. En esta situación, la única solución es mantener la calma y quedarte quieto para evitar hundirte. Así, debes esperar pacientemente hasta que encuentres algo en el entorno que te ofrezca un punto de apoyo para salir. Cuanto más te mueves, más te hundes; para no ahogarte debes quedarte quieto. Cuanto más dudas, más te obsesionas; cuanto más sobreanalizas, más te paralizas.

La duda patológica es un trastorno que se origina a partir de cuestionamientos persistentes. Dudar de las circunstancias puede ser beneficioso porque nos permite reflexionar sobre ellas; de hecho, la duda es el motor de la creatividad y del conocimiento. Sin embargo, hay que ser cautelosos, pues también puede convertirse en el motor de la obsesión. Hay quienes tienden a hiperracionalizar las situaciones, y piensan en exceso en la búsqueda de certezas. Este afán por asegurar cada acción tal vez nos lleve a cuestionar demasiado lo que hacemos o dejamos de hacer y, en consecuencia, puede devenir en un hábito paralizante. Si buscas constantemente la seguridad, intentando responder a un sinfín de preguntas, es probable que caigas en la trampa de la duda patológica. Esta búsqueda excesiva de certezas puede conducirte a una mayor inseguridad, bloquearte y evitar que realices muchas actividades, o llevarte a posponer decisiones y acciones por no sentirte completamente seguro de llevarlas a cabo.

La toma de decisión efectiva

Las decisiones verdaderamente efectivas suelen originarse en nuestras emociones, en esa primera corazonada que nos guía. Sin embargo, no basta con dejarse llevar sin más; esa sensación inicial debe ser analizada y razonada para asegurarnos de que es sostenible en el tiempo. Si no, nos encontraríamos a merced del cambio constante de nuestros impulsos, porque nuestras emociones y sensaciones son cambiantes, y nos sentiríamos perdidos. Manejarnos solo atendiendo a las emociones y las sensaciones nos dejaría como un velero sin un rumbo claro que aprovecha cualquier viento favorable, con el peligro de perderse en medio del océano. Justo por eso, nuestra razón debe acompañar a nuestras emociones, aportando argumentos y conocimientos que respalden esa primera intuición. Es decir, al corazón le debe acompañar la cabeza; técnicamente el paleoncéfalo le debe ir acompañado del telencéfalo (con argumentos, conocimientos, razonamientos que apoyen la sensación) para no crear un cortocircuito que nos bloquee.

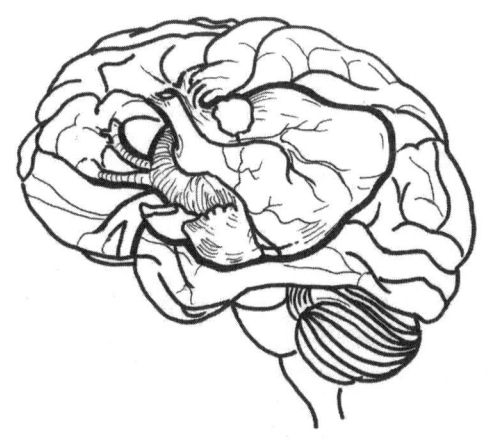

Las decisiones no son inmutables

Utilizando el lenguaje popular, podría decirse que las decisiones nacen del corazón y luego se les da forma en la mente. Ambas dimensiones interactúan para evitar una de las grandes trampas de la toma de decisiones: pensar que son inmutables. Karl Popper decía que la vida es un constante resolver problemas y tomar decisiones, y que estas no tienen por qué ser definitivas. Siempre existe la posibilidad de ajustar y redirigir nuestras acciones.

Las decisiones no son para siempre. Cuando nos entrenamos en tomar decisiones, entendemos que se puede cambiar de decisión, pero que siempre hay que decidir para avanzar y escoger una dirección en el camino de nuestra vida. Es fundamental tomar decisiones porque definen quiénes somos, hacia dónde vamos y con qué valores. Recuerda que cuando decido no decidir ya estoy decidiendo. Aunque no nos demos cuenta, estamos tomando decisiones de forma constante y estas van marcando nuestro rumbo e influencian nuestro entorno queramos o no, nos demos más o menos cuenta. Por eso es importante saber entrenarnos en la toma de decisiones, sobre todo cuando, como en el caso de Juan, pueden cambiar drásticamente el trazo de nuestra existencia.

Entrenar la toma de decisiones

Una manera de entrenar la toma de decisiones es hacer el ejercicio de «el escenario más allá del problema». Se trata de preguntarte cuál sería el escenario, respecto a la situación que hay que cambiar, una vez que el problema estuviese completamente resuelto o que hubieses alcanzado el objetivo. Como necesitamos crear perspectiva, amplitud de miras y de consideraciones, vamos a simbolizar la disyuntiva en la que nos encontramos con dos montañas, cada una representa una decisión. Primero nos decantamos por una montaña, al imaginar que tomamos la decisión que nos lleva hasta su cumbre nos situamos desde una panorámica que nos permite ver con amplitud desde el escenario ideal que hemos imaginado. Bien, desde esa cima, ¿qué ves? Visualiza e imagina la situación ideal tras haber conseguido el cambio que deseas. Ayúdate a concretar esa visualización preguntándote cómo sería tu vida. Puede suceder que en ese proceso de visualizar cómo se han modificado las circunstancias y la situación descubras nuevos problemas o consideraciones. Explóralos, nómbralos, y pregúntate si te sientes preparado para enfrentarlos y cómo lo harías, y en el caso de descubrir que no sabrías cómo gestionarlos, qué imaginas que puede suceder. Después se trata de hacer el mismo ejercicio con la otra decisión, que implica subir la otra montaña y contemplar el panorama que genera y los nuevos desafíos.

Esta técnica utiliza la imaginación como aliada ampliando nuestra capacidad de percepción y, tras el ejercicio, podemos seleccionar los aspectos más relevantes que son viables. De esta manera hemos salido de la hiperracionalización y hemos activado, de nuevo, la conexión pensamiento-sensación. Quiero señalar que el ejercicio de percibir en la visualización de la decisión cumplida nuevos problemas no quiere decir que sea una mala decisión; hemos de ser conscientes de que, en la vida, se tome la decisión que se tome, siempre habrá problemas. Por eso es bueno sentir las emociones que generan estos, pues nos ayudan a decidir cuál es la mejor elección. Por poner un ejemplo, quizá en una montaña sientes mucho miedo y en la otra no tanto. La capacidad de ver más allá del problema presente y las sensaciones que te producen las proyecciones de la toma de decisiones, y que no habías sentido hasta el momento, son las que te ayudarán a poder obrar.

Esta maniobra nos permite desviar la atención de un presente problemático y fijarla en un futuro donde no hay problemas. Con ello conseguimos un relajamiento de la tensión actual y, lo más interesante, abre la posibilidad de percibir perspectivas de las dos situaciones que antes no se contemplaban; gracias a ese reenfoque de la atención y al percibir distinto, surge una nueva reacción donde el cambio comienza a aclararse.

En la segunda sesión con Juan exploramos estos temas. Empezamos hablando de la prescripción de la media pasión diaria; realizar sus fantasías en soledad le había ido muy bien, aunque, a pesar de lo placentero que le resultaba, en los últimos días no había podido hacerlo todas las veces, pues tenía mucho lío en el trabajo. Yo insisto en que debe ser riguroso con las indicaciones que le prescribí, independientemente del volumen de trabajo o la importancia de otros asuntos, tanto si le apetece en la hora indicada como si no. De no ser consecuente con el tratamiento tardaremos mucho más en encontrar la solución. Fiel a su carácter emprendedor me dice que ha estado pensando en el porqué de tan sorprendente prescripción. Lo animo a que comparta sus reflexiones conmigo.

—Lo resumiría en que estás buscando que tanto mi mujer, que es mi amor real, como Desiré, que siempre ha sido mi amor platónico y que ahora puede hacerse realidad, estén en las mismas condiciones. Eso que me contaste de que no se puede comparar algo nuevo, o un sueño platónico, con mi mujer, con la que llevo tantos años y de la que conozco todos los lunares de su cuerpo.

—Bien... Entonces uno de los efectos es dominar la emoción del placer para que no te asuste ni te someta. Si te la concedes de manera controlada, podrás renunciar a ella, si la bloqueas, será irrenunciable.

Le explico que está trabajando para ser él quien decida, y no un arrebato sexual y pasional acelerado y alterado. El objetivo es también que pueda distanciarse y no se identifique tanto con esa emoción placentera.

—Tener a Desiré en la cabeza me está consumiendo por dentro. Experimento ansiedad y angustia, no disfruto de las cosas como antes...

—Una manera de captar lo que te está pasando es pensar que en tu mente cohabitan un lobo negro y un lobo blanco. El negro te abruma con pensamientos negativos y advierte de todo lo peor, en cambio, el blanco llena de pensamientos positivos, fantasías fantásticas, expectativas y sueños tu cabeza. Todos tenemos esos dos lobos en perpetua conversación. Muchas personas creen que el lobo blanco es la clave de la felicidad, pero están equivocadísimos, porque se pueden cometer desgracias terribles si dejas que te domine. Una de ellas es ceder ante fantasías y expectativas que pueden ser irreales solo porque tu cuerpo siente atracción por una mujer.

Juan reconoce que la prescripción comenzaba a desactivar la pasión. Aun así, le digo que un estímulo nuevo no puede competir con lo conocido.

—Cuando ves a tu mujer desnuda, ¿tu cuerpo reacciona?

—¡Siempre!

—Eso es muy buena señal, y más tras tantos años de relación.

—Nunca hemos tenido ningún problema sexual. ¿Quizá todo esto se me está activando por una crisis relativa a mi edad?

—A mí los porqués no me interesan y no me sirven para ayudarte a corto plazo. Te recomiendo que las interpretaciones y los porqués los dejes para después de que te haya ayudado.

A Juan esta contestación le parece perfecta, porque quiere salir cuanto antes del embrollo. Entiende que si analizamos posibles causas nos desviaremos de su necesidad de resolución.

Los valores como antídoto de las rumiaciones

Juan me comenta que la otra prescripción, el ejercicio de «cómo empeorar las cosas», lo estaba posicionando en querer continuar con su esposa, y que anhela estar como antes, en paz, sin dudas.

Pero ante mi pregunta no sabe responder con firmeza si es una decisión o un inclinarse hacia esa opción. Lo animo a desarrollar su pensamiento y Juan constata que, al calmar su necesidad animal a través de las fantasías amorosas con Desiré, el nivel de deseo se ha equiparado entre ambas mujeres. Esto le permite ver más allá, enfocarse en lo que realmente es importante en su proyecto de vida: cuidar y proteger a su familia. Y no puede dejar de reconocer que la cocreadora de esta familia es su compañera. Por eso anhela tanto volver a estar en paz mental a su lado, sin sentirse mal por la culpa.

Llegados a este punto rescato la parte de su discurso en que ha hablado de lo que es importante en su proyecto de vida, y le explico la diferencia entre necesidades y cosas importantes en la vida, que son aquellas que enriquecen y dan sentido a nuestra existencia más allá de lo básico. Los valores desempeñan un papel crucial en la prevención de las rumiaciones, de esos pensamientos repetitivos y obsesivos sobre problemas o situaciones negativas. Los valores son nuestro faro cuando caemos en el mar de las dudas.

Los valores son importantes para evitar comerse el coco porque:

1. **Son nuestra guía, marcan nuestra dirección y propósito en la vida.** Tener un sentido de propósito ayuda a enfocar la mente en metas y actividades constructivas, en lugar de perderse en bucles obsesivos. Como apuntó Nietzsche: «Quien tiene un motivo por el que vivir encontrará siempre un cómo».
2. **Nos ayudan a tener claras nuestras prioridades:** unos valores bien definidos nos ayudan a establecer prioridades. Cuando sabemos lo que es verdaderamente importante para nosotros es más fácil dejar de lado preocupaciones y evitar la trampa de la rumiación.
3. **Facilitan la toma de decisiones coherentes:** nos ayudan a marcar una dirección frente a la ambivalencia que nos generan los pensamientos y las emociones, reduciendo la incertidumbre y la duda.

4. **Fortalecen nuestra resiliencia emocional:** sentirse alineado con lo que uno considera importante nos permite enfrentarnos a los desafíos con una perspectiva más positiva y proactiva.
5. **Nos enfocan hacia las soluciones:** nos motivan a actuar en una dirección determinada de forma constructiva en lugar de quedarnos atrapados por los pensamientos repetitivos sobre lo que pensamos y sentimos que está mal.
6. **Aumentan nuestra satisfacción y bienestar personal:** una vida teniendo claros y presentes nuestros valores personales es un antídoto contra la negatividad y las rumiaciones.

Prescripciones para desactivar el comecocos

—Juan, lo que voy a indicarte es aumentar la dosis de darte placer. Pasarás a autoestimularte cada día durante cincuenta minutos pensando en Desiré varias veces al día. ¿Sabes por qué?

—Empiezo a imaginármelo, pero cuéntamelo.

—Porque así construimos la estratagema china de «convertir el placer en una tortura». Convertimos el placer que sientes por esa chica en una tortura y así no te apetecerá darle espacio en tu día a día y tendrás ganas de hacer otras cosas.

Juan confiesa que antes de ponerse manos a la obra con la prescripción no hubiera dado crédito del resultado. De hecho, la hizo con temor pensando que empeoraría. Ahora ha experimentado que no ha sido así, pero, aunque la pasión física ha bajado sigue comiéndose el coco, sobrepensando, y se ve incapaz de frenar ese runrún avasallador.

—A veces dudo de si estoy enamorado u obsesionado.

—Las dos cosas, porque para estar enamorados siempre debemos puntuar en obsesión. Es una de las características de los enamorados y una diferencia clara entre que nos atraiga una persona y estar enamorados de ella.

—Júlia, para ayudarme a ordenar mejor lo que me pasa me

vendría bien que me hablases de las diferencias entre la atracción, el enamoramiento, la obsesión y el amor.

—Haciendo un ejercicio de síntesis te diría que el enamoramiento se caracteriza por una conexión emocional profunda, la idealización de la otra persona y un deseo fuerte de compromiso. La atracción, por su parte, es más superficial y puede estar basada en factores físicos o específicos, sin necesariamente implicar una conexión emocional profunda o un deseo de compromiso. Ambos pueden coexistir y la atracción puede ser un primer paso hacia el enamoramiento. Sin embargo, no todas las atracciones conducen a este y no todos los enamoramientos comienzan con una fuerte atracción física.

»Ahora bien, los enamorados no suelen venir a las consultas de psicología, en cambio las personas que sufren de obsesión, sí. Las personas obsesionadas tienen su lobo blanco campando a sus anchas, idealizan de manera poco realista y evitan ver los defectos o las circunstancias del sujeto de su pasión. Sus sentimientos y expectativas son invariables frente a la realidad. Los pensamientos sobre la persona amada son constantes, dominan la vida diaria y siempre acaban causando estrés, ansiedad y pueden provocar otros problemas psicológicos. En cambio, el enamoramiento es una emoción con un conjunto de pensamientos que se van adaptando y equilibrando, aportando felicidad, motivación y bienestar.

—Con el ejercicio del cómo empeorar, como te he comentado, me he dado cuenta de que yo no quiero quedar con esa chica porque tengo miedo de arruinar mi matrimonio y hacer daño a mi familia. Pero lo cierto es que sigo enamorado, obsesionado o enfermo de Desiré... Me siento mucho mejor que el otro día, noto un cambio importantísimo, pero quiero estar tranquilo ya.

—Para que así sea, debes sostener este malestar, aquí las prisas no sirven de nada. Has de aprender a no pelear ni esforzarte para vencerlo, porque entonces perderás. Lo único que debes hacer es centrarte en seguir mis prescripciones.

Le recuerdo que la prescripción consiste en quedar cada día, en su imaginación, con Desiré, y de la forma más placentera, porque solamente si se la concedía podría renunciar a ella, de lo contrario acabaría siendo irrenunciable. Juan se queda unos minutos pensando en ello y finalmente se atreve a preguntarse en voz alta si de verdad quiere renunciar a ella.

—Lo que necesitamos es un estado de ánimo en que la elección no venga empujada por la obsesión.

—Muchas veces pienso en cuando tuve la oportunidad y no la supe aprovechar, quiero decir que, si de joven me hubiera adelantado uno o dos meses a declararme a Desiré, ella habría estado libre y nuestra vida juntos hubiera comenzado allí. ¿Por qué no me decidí antes a hablarle?

—Cuidado, Juan, ese tipo de comecocos es el que te lleva a un bucle patológico.

—Sí, ya sé que es una idiotez dudar de si hice bien en el pasado, de si fui demasiado tímido, de si podría haberme mostrado más encantador y ella habría venido conmigo, son tonterías, porque el pasado está en el pasado, pero esas preguntas me llevan a dudar de mí ahora. Me siento más torpe en todo lo que hago. Es como si me hubiera metido en un laberinto. Al intentar resolver la duda de qué hago me estoy perdiendo en el qué hice, estoy poniendo toda mi vida en duda... y en realidad es porque tampoco sé cómo dominar el futuro, no sé cómo hacer para garantizar que mi elección sea la acertada.

Aprendiendo a abrazar la incertidumbre

Aunque queramos, controlar el futuro es ingobernable, y si no aceptas ese misterio de la vida y, por el contrario, intentas sobrecontrolarlo se produce el efecto opuesto, pues la ansiedad y el nerviosismo te descontrolan. Es distinto plantear el futuro a tener la certeza absoluta de que lo que proyectas se cumplirá. Buscar la seguridad de la respuesta en algo que no sabes bien cómo se va a desarrollar es querer responder a una pregunta irresoluble. Una manera de detectar las dudas patológicas es, precisamente, que al intentar responderlas no encuentras la respuesta, sino que surgen nuevas preguntas. Allí comienza el bucle en busca de una respuesta que otorgue seguridad sobre algo que no ha sucedido.

—Juan, realmente estás en un laberinto peligroso.

—Cada vez que creo encontrar una respuesta, en realidad me lleva a otra pregunta. Me asfixio.

—El error es que les otorgas validez a esas preguntas. Si te das cuenta, son puros espejismos, no conducen a nada.

—Pero es que no paran, ¿qué puedo hacer?

Le pregunto si le gustan las películas de aventuras y asiente.

—Imagina que eres Indiana Jones. Estás dentro de ese laberinto peligroso lleno de trampas. Surge la pregunta en forma de puerta, es un espejismo tentador y sientes el impulso de ir a abrirla por si das con la respuesta que te saque de allí, pero eres Indiana Jones, un tío listo curtido en la batalla, sabes que si cometes el error de ir hacia el espejismo, te perderás más en el laberinto. Así que no te mueves, no respondes, evitas mirar la puerta-pregunta, la ignoras.

—¿No hago caso a mi cabeza?

—Oyes las preguntas como quien oye llover. No te dejas zarandear por ellas. Permaneces impasible. No respondes.

—Pero me gustaría que se callaran.

—Nacen de manera involuntaria, no está bajo tu control que no surjan. Pero sí no atenderlas. Las preguntas no son el problema, que entres en la dinámica de querer contestarlas es el problema. ¿Entiendes?

Juan lo comprende, pero reconoce que esas preguntas le producen la ilusión de ayudarlo a enfocar la cuestión. En efecto, le digo, las preguntas son una ilusión, él mismo lo ha dicho. Le producen la ilusión de una mejora, pero en realidad lo enferman por sobreanálisis y eso, al final, lo paraliza.

—Tienes la ilusión de avanzar, pero en realidad te atan más y más a un no saber qué hacer.

—Entonces, paradójicamente, no moverme hacia la pregunta es avanzar.

—Claro, permanecer quieto, bloqueando la respuesta.

Aprendiendo a asombrarse y atender plenamente el presente

Juan me pregunta qué puede hacer.
—Céntrate en otra cosa. Entrena tu atención en lo que estás haciendo en el presente.
—¿Cómo?
Le explico que es más fácil de lo que piensa. Cada vez que le asalte una pregunta de las de «y si...» lo primero que tiene que hacer es identificarla, saber que se trata de un espejismo, y bloquear la respuesta, no contestar. Para hacerlo lo mejor es concentrarse en algo sencillo, algo que esté haciendo en ese momento, como caminar, observar lo que tiene alrededor, anclarse en el presente. Por ejemplo, ponerse el objetivo de contar cuántas personas se cruzan en su recorrido o concentrarse en escuchar los pájaros o en la conversación de las personas que caminan delante de él.
—¿Distraerme?
—Salir de tu mente para entrar en la vida. Conectarte con el presente.
Ante su renuencia le aclaro que distraerse no significa escapar del miedo a sus dudas traicioneras. Ya ha constatado que intentar no pensar en las dudas no funciona para eliminarlas, y si trata de responderlas cae en la trampa de la quimera de una respuesta correcta capaz de abrir la puerta que lo saque del laberinto. En consecuencia, cuanto más piensa en la respuesta correcta, más sobreanaliza y más se paraliza. Y aunque a veces se responda cosas que lo liberan momentáneamente, luego las preguntas vuelven con más fuerza. Por eso es importante que se entrene en bloquear la respuesta, es decir, en no buscar la llave que le promete salir del laberinto, porque es una mentira. Bloquear la respuesta y entrenar la atención en la presente esconde, por el contrario, la solución. Y cuando la tentación de las preguntas lo asedie siempre puede acudir a la frase-antídoto.
—¿Una frase-antídoto?
—Puedes repetírtela cuantas veces haga falta: **sobreanalizar me paraliza**. Ante la tentación de ponerte a contestar tus preguntas, bloqueas la respuesta con esta frase: «Sobreanalizar me para-

liza», y fijas tu atención en los pequeños detalles, los colores, los olores, los ruidos, los movimientos...

Juan entiende que esa es la clave para dejar de estar encerrado en la caja de la mente. Reconoce que desde hace un tiempo está tan ensimismado en sus rumiaciones que es incapaz de seguir una conversación, terminar la página de un libro o una serie.

—Por eso, tu tarea clave desde hoy hasta que volvamos a vernos, además de las que ya te he dado, es esta: detecta cada vez que te vengan las dudas irresolubles y déjalas pasar, bloqueando la respuesta. Recuerda la frase-antídoto y repítela como una guía: «Sobreanalizar me paraliza». Si ves que no puedes bloquear la respuesta y necesitas responderlas, lleva siempre una libreta contigo y escribe la respuesta a esa pregunta y todas las preguntas y respuestas en bucle que te salgan hasta que te canses y decidas concentrarte en el presente.

—Uf, voy a intentar bloquear la respuesta.

—Creo que serás muy bueno en ello, aunque es la maniobra más difícil. Si no puedes, escribe, esto desparasita las obsesiones. Luego, evita releer lo que escribes.

—¡Ah! Claro, me pides que no lo relea porque si no sería darle vueltas de nuevo...

—Exacto, y ese mecanismo es justo el que debemos desactivar. Por ello, a partir de ahora, si debes pensar en el tema de Desiré y en la relación con tu mujer, lo harás por escrito, ¿de acuerdo?

—Sí, y solo lo hablaré aquí contigo.

—Exacto, aquí tratamos el material que puede ser sensible y tóxico para tu bienestar.

NOTAS DEL CUADERNO DE JUAN:

- La duda puede ser beneficiosa para el conocimiento, pero también convertirse en el motor de la obsesión.
- Para salir de los pensamientos obsesivos debo bloquear la respuesta.
- Sobreanalizar me paraliza. Recordarme esta frase-antídoto tantas veces como me venga la tentación de darle vueltas a las cosas.

- Actuar como Indiana Jones y no moverme en las arenas movedizas de las dudas obsesivas. Practicar confiadamente la estrategia de quedarme quieto, no responder las preguntas trampa...
- Pensar y anclarme en el pasado o el futuro puede abrir las puertas de la obsesión.
- El pasado pasado está y no lo puedo cambiar.
- El futuro no lo puedo controlar del todo, pero está muy influenciado por las decisiones que tome en el presente.
- Foco en el presente. El pasado solo para coger impulso y el futuro para motivarme e ilusionarme.
- Tengo que entrenar, como si fuera un músculo, la atención: centrarme en el presente y en los pequeños detalles puede ayudarme a evitar la sobrerracionalización y a conectar con la realidad.
- Aceptar la incertidumbre: evitar buscar respuestas a preguntas que no pueden responderse en el momento, ya que son irresolubles y generan más dudas.
- Estoy aprendiendo a aceptar la ambivalencia emocional: es importante que acepte y entienda los sentimientos ambivalentes en lugar de reprimirlos para tomar mejores decisiones.
- ¡Las decisiones no son inmutables!
- Importancia de las emociones en las decisiones: las decisiones efectivas suelen originarse en nuestras emociones y deben analizarse y razonarse para ser sostenibles en el tiempo.
- Resulta fundamental tomar decisiones para avanzar en la vida. Las decisiones pueden ser ajustadas y no tienen por qué ser definitivas. Así que las puedo redirigir, calma.
- Visualizar el escenario ideal tras la resolución de un problema me ha clarificado la toma de decisiones. He podido sentir mis sensaciones, mi corazón, mi alma.
- Escribir las dudas y respuestas en una libreta y evitar releer lo escrito ayuda a desparasitar las obsesiones.
- Las técnicas que me aporta Júlia me ayudan a equilibrar emoción y razón y poder manejar la obsesión.
- Sobreanalizar me paraliza. Sobrepensar me bloquea. Rumiar me hunde. Pensar demasiado me hace daño.

Conclusión

Vencer sin pelear.

La llave de oro:
«Mi mente es el cielo,
mis pensamientos son las nubes,
¡que sople el viento!».

Confío en que a través de los problemas de María, Ana, Isabel y Juan hayas encontrado un espejo donde mirarte. A veces habrás empatizado con ellos, otras te habrán sorprendido, pero espero que hayan ilustrado de manera cercana lo que sucede cuando damos ese paso de autocuidado y valentía que es pedir ayuda y acudir a terapia. Los hemos acompañado en un tramo de sus procesos intercalando la teoría con un diálogo vivo, pues el mejor conocimiento es el que se experimenta a través de uno mismo. Por eso es importante escuchar cómo los pacientes cuentan su problema y las conclusiones que van sacando a través de las prescripciones.

Muchas de mis intervenciones y las prescripciones que he ido administrando funcionan como un empujón terapéutico, y es que, como hemos visto a lo largo de estas páginas, lo común ante un problema es repetir de manera automática formas de resolución que demuestran ser inválidas. Por eso hay que atreverse a hacer algo diferente. Esa ha sido y es una de las primeras líneas de confianza que establezco con mis pacientes: que entiendan la necesidad de hacer algo diferente a lo realizado hasta ese momento, pues si siguen haciendo lo mismo obtendrán los mismos resultados insatisfactorios. Hay que atreverse a hacer algo distinto si quieres resultados diferente. Y son esos resultados los que nos van llevando a la sanación.

Me gustaría que te imaginaras ese empujón terapéutico como

si te tirara desde un acantilado a un mar bravo. Te aseguro que las personas reales que están detrás de María, Ana, Isabel y Juan lo experimentaron de ese modo, así como cada persona que se atreve a salir de su dolor experimenta ese vértigo. Pero es que ese empujón es absolutamente clave. El paciente piensa que se va a matar, pero, muy al contrario, ahí comienza el rescate hacia la vida, una libre del sufrimiento que los atenaza. Ese empujón es clave para que se inicie algo nuevo a través del proceso terapéutico. A través de él, el paciente va constatando que es capaz de atravesar su problema adquiriendo diferentes herramientas psicológicas para al final aprender la estrategia de las estrategias, la llave de oro que lo ayuda a salir de cualquier tipo de comecocos.

La llave de oro

Para adentrarnos en el concepto de la llave de oro quiero recordar un suceso ocurrido hace unos años en las aguas de Tarragona. Un pescador de setenta y tres años cayó de su barca y no pudo volver a subir. Estuvo más de ocho horas en mar abierto y logró sobrevivir. ¿Cómo? Gracias a su confianza, serenidad e ingenio, se hizo el muerto. Afortunadamente, tres amigos que practicaban pesca recreativa en la zona lo rescataron. Cuando lo socorrieron estaba muy débil, pero se recuperó.

Este pescador aplicó una de las estratagemas chinas más importantes para sobrevivir, pero también la más difícil de aplicar. Tuvo la confianza de hacerse el muerto para sobrevivir. Si hubiera braceado desesperado habría gastado energía, se habría cansado inútilmente y, con toda probabilidad, se habría ahogado. La confianza en sí mismo, en los demás y en su entorno le salvó la vida.

Este es el objetivo más elevado que cualquier persona sabia puede alcanzar. Es la estratagema que en todos los casos contenidos en este libro enseño para poder sobrevivir cuando pensar nos causa tanto daño, cuando nos atacan y zarandean pensamientos que nos destruyen. Esos pensamientos, a pesar de que nos hacen daño, son parte de nuestra naturaleza y, aunque puedes aprender a nadar de diferentes formas para gestionarlos —el equivalente a distintas técnicas psicológicas—, cuando vienen en olas gigantescas no sirve de nada luchar. Es más, luchar ante un ataque masivo de pensamientos negativos pone en jaque nuestra salud e integridad. Nos pone en riesgo.

En casos de máxima dificultad psicológica por pensamientos intrusivos uno debe aplicar la estratagema de «vencer sin pelear».

La gran mayoría de las personas luchan y se mueven para buscar soluciones, pero cuando estamos inmersos en un fuerte oleaje mental, esa actitud no solo no sirve, sino que nos pone en más peligro. Se trata de tener la valentía de no contemplar la idea de luchar y mostrar una actitud de calma, seguridad y respeto frente al adversario —la situación problemática que se nos presenta.

Siguiendo con la imagen del mar como metáfora que nos ayuda a visualizar estos conceptos, a veces la mente nos puede jugar malas pasadas sumergiéndonos en pensamientos y sensaciones como si una inmensa ola se nos tirara encima. Bajo el agua, queremos sobrevivir y respirar, pero si intentamos salir, el agua nos arrastrará mar adentro. Luchando contra la corriente, nos agotamos, perdemos fuerzas y gastamos oxígeno rápidamente. En cambio, si uno se queda quieto soportando el malestar, la ola lo reconoce como parte de su naturaleza y lo expulsa hacia fuera. Al final, tragaremos mucha agua, pero no nos habremos ahogado.

Este es otro ejemplo para mostrar que debemos entrenarnos con valentía para no hacer nada activamente frente a situaciones muy complejas, y así lograremos salir airosos. Debemos saber identificar que hay batallas que solo podemos ganar sin pelear.

Meditación de la llave de oro

Si la mente es como el cielo,
los pensamientos son nubes que vienen y van.
Obsérvalos sin elegir, como no eliges el clima del día.

Recuerda: solo son pensamientos, no tienen por qué representar la realidad.
Posees la potestad de magnificarlos o reducirlos, de generalizarlos o ponerlos en perspectiva.
Entonces, tu única responsabilidad es cómo los acoges.

Cuanto más permitas que fluyan sin resistencia, más sentirás cómo se disipan; es así como te liberas de su peso.

La nube no altera la esencia del cielo.
Los pensamientos no alteran la esencia de quién eres.

Mantente fiel a tus valores, aunque los pensamientos intenten desviarte.

Guía tus pasos a la luz de tus ellos, aunque los pensamientos traten de sabotear tu presente, culpabilizarte por el pasado o amenazarte con un futuro apocalíptico.

Deja que el viento sople y limpie el cielo de tu mente.
Y así como llegaron, estos pensamientos se esfumarán cuando menos lo esperes dejando tras de sí un horizonte claro.

Atención al momento presente

Recuerda: debemos enfocarnos más en nuestras experiencias del presente, en nuestro hacer cotidiano y confiar y dejar de controlar nuestro pensar y sentir.

Así, prestando atención al presente de forma consciente y sin juicio los pensamientos no nos molestan y son más saludables y efectivos.

Durante este libro te he querido mostrar que se pueden solucionar todos los problemas generados por las psicotrampas del pensamiento de manera breve y eficaz. Y cuando uno soluciona esto, lo aprende para toda la vida, pues siempre estamos aprendiendo y reaprendiendo lo que es necesario para nuestro momento vital.

También te he querido mostrar que para solucionar los males del sobrepensar no es necesario examinar las causas del pasado ni los porqués. Y es que los problemas se pueden solucionar rápidamente si se enseña a las personas cómo actuar y no qué deben pensar.

No el porqué, sino el cómo

Recuerda: preguntarte por qué te sucede esto para liberarte de la rumiación es una trampa, mientras que pensar en el cómo es la solución. El problema de las obsesiones es que siempre buscan mantenerse y alimentarse para expandirse. Una de las trampas es hacerte creer que, si entiendes por qué estás rumiando o pensando en algo que consideras inapropiado, lograrás deshacerte de ello. Pero esto es falso. Buscar la razón detrás de tus pensamientos obsesivos, o incluso encontrarla, no te liberará de las obsesiones.

La TBE no se pregunta el porqué de un problema psicológico porque su objetivo principal es resolverlo de manera rápida y eficiente centrándose en cambiar patrones de comportamiento y pensamiento disfuncionales. Se enfoca en el cómo funciona un problema y estudia el círculo vicioso que lo mantiene activo. De esta manera, los terapeutas pueden ayudar a sus pacientes a desarrollar habilidades y herramientas para abordar y superar sus problemas de manera efectiva, fomentando su autonomía aplicando un enfoque pragmático.

A través de las prescripciones hemos visto las principales herramientas que la TBE utiliza para intervenir sobre cualquier comecocos y dinamitarlos.

Lo esencial del comecocos

Pensar es necesario, pero pensar demasiado hace daño. A menudo las personas nos preocupamos y sufrimos por situaciones que no podemos controlar o que no han sucedido, lo que nos lleva a caer en una espiral de preocupaciones y rumiaciones. Esto puede conducir a problemas de salud mental como ansiedad, depresión y afectar negativamente a nuestra calidad de vida.

El sufrimiento psicológico y emocional proviene de nuestros intentos de controlar y evitar pensamientos y emociones desagradables. En lugar de luchar contra estos pensamientos y emociones que se generan hay que aprender a ganarlos sin combatir con ellos, entendiendo que son parte de nuestra experiencia humana. Es necesario conseguir hacernos amigos del supuesto enemigo, abrazar ese malestar que se genera para que se disuelva.

A lo largo del libro hemos visto que para abordar el sufrimiento causado por el pensamiento excesivo es clave tener presente:

ESQUEMA GENERAL PARA SALIR DEL JUEGO DEL COMECOCOS:
1. **Deja pasar los pensamientos, las imágenes o las dudas traicioneras sin contestarlos ni darles vueltas.** No vayas en contra de tu mente intentando no pensar eso que ha aparecido involuntaria o voluntariamente; intentar no pensar es pensarlo aún más. No podrás evitar que te vengan esos pensamientos y dudas que te hacen sufrir, pero sí puedes bloquear la respuesta para inhibirlos y desactivarlos.
2. **Escribir lo que piensas hasta llevarlo a la saturación.** Si no puedes dejarlo pasar y necesitas pensar en eso que te destruye, hazlo usando la escritura terapéutica. La escritura te protege de ahogarte en los torbellinos del pensamiento y te ayuda a conseguir dejar de rumiar mentalmente porque inhibe los pensamientos, las imágenes y las dudas-trampa.

> **3. Practica el arte de cerrar el pico.** Silénciate para acabar con el ruido mental.
>
> **4. Actúa como si no tuvieras ese problema.** Concentra tu atención consciente en las experiencias que estás realizando en tu presente. Pon el foco en el hacer. Dale importancia a la acción sobre los pensamientos y las emociones.
>
> **5. Ten como faro tus valores.** Es cierto que la única certeza es que no existen certezas y que debes aprender a abrazar la incertidumbre en esta vida porque, si intentas controlar lo incontrolable, siempre te descontrolarás. Aunque nos sintamos perdidos y todo lo que nos rodee sea oscuridad, hay que tener la valentía de atravesarla. La luz que nos guía, nuestro faro, brilla a través de nuestros valores, que desempeñan un papel crucial en la prevención de los pensamientos obsesivos.

Una vez resuelto el problema hay que consolidar la mejora para que se mantenga en el tiempo entrenando a la persona para que no vuelva a recaer y sepa hacerse el muerto si aparecen crisis de pensamientos tormentosos. Debemos entrenarnos en poner la atención en el presente para pensar lo justo y necesario, ni más ni menos.

Y ahora, atención, se necesitan unos pocos pasos para arruinar todo lo que se ha conseguido para salir de un comecocos. Volver a instalar la inercia del comecocos es sencillo. En este cuadro verás cómo se puede caer fácilmente en las trampas del pensamiento:

> **ESQUEMA GENERAL PARA EMPEZAR Y SEGUIR JUGANDO AL COMECOCOS:**
>
> 1. **Tómate muy en serio todo lo que piensas y sientes** voluntaria e involuntariamente, y empieza a darle vueltas a por qué lo piensas, qué significado tiene que lo pienses, etcétera. Dale a esos pensamientos la etiqueta de realidad.

2.	**No pares de pensar.** Cree que vas a conseguir la solución en una rumiación continua, pensando más.
3.	**Intenta quitarte de la cabeza esos pensamientos y lucha para que no aparezcan.** Trata de controlar todo lo que piensas y sientes y verás que perderás el control del pensar y sentir.
4.	**Evita personas, situaciones, objetos y palabras** que te puedan recordar ese malpensar.
5.	**Habla con todo el mundo de tus preocupaciones** hasta que por fin estés tranquilo.

Aprendiendo a restablecer un equilibrio mental funcional

No temas los pensamientos amenazantes, extraños, catastróficos ni las dudas o imágenes que emergen en tu mente. Aunque en el momento pueden parecerte alarmantes, la mayoría de ellos tienen una función adaptativa y protectora que puede no parecerte evidente de inmediato. En la vida, es crucial no obsesionarse con comprender y racionalizarlo todo, ya que el exceso de quererlo tener bajo control puede llevar al descontrol del sistema. No podemos controlar por completo la mente, pero sí podemos persuadirla y guiarla hacia un equilibrio funcional.

El que al cerebro le surjan alertas ante posibles amenazas o incluso que genere dudas sobre posibles catástrofes es un mecanismo que deviene de su función adaptativa; sin embargo, también es crucial que tenga la capacidad de bloquear e inhibir respuestas excesivas. Un desequilibrio en este sistema conduce a trastornos de salud mental. La TBE, en particular, ha demostrado ser efectiva en modificar las funciones neurofisiológicas y neuroanatómicas de nuestro cerebro, promoviendo un balance saludable entre la activación y la inhibición del sistema nervioso.

A lo largo de este libro, te he guiado a través de una serie de técnicas diseñadas para restablecer tu homeostasis, el proceso mediante el cual un organismo mantiene un estado interno estable a pesar de los cambios de su entorno, equipándote con estrategias para lograr un equilibrio funcional y adaptativo. Estas técnicas te permiten responder adecuadamente a las alertas y, al mismo tiempo, mantener la serenidad frente a preocupaciones amplificadas de forma irracional. Te he presentado métodos que tal vez nunca imaginaste que podrían ayudarte a bloquear, inhibir y dejar de reaccionar a esos pensamientos intrusivos. Como un visitante no deseado, estos pensamientos llegan sin nuestra intervención consciente y, con las herramientas adecuadas, pueden ser persuadidos a retirarse en silencio al trastero de nuestra mente, regresando al subconsciente.

Recuerda siempre que la salud mental es un delicado equilibrio que varía para cada persona. Además, nunca es estático; siempre está en movimiento. Por eso, te aconsejo mantener presente todas las soluciones psicológicas y frases-antídoto que has aprendido, ya que serán esenciales para alcanzar y sostener esa homeostasis funcional que se logra mediante una constante oscilación entre:

- Acelerar los pensamientos para luego desacelerarlos.
- Bloquear la respuesta frente a esas dudas/imágenes/pensamientos trampa para inhibirlos (desactivarlos).

En otras palabras, para desactivar las obsesiones deberás aprender a llevarlas a la saturación y también bloquear la espiral de pensamientos que pueden desencadenar.

Ten presente que para aprender a desactivar procesos mentales que muestran una hiperactivación disfuncional se precisa conocimiento científico, y siempre es recomendable valorar cada caso en un proceso terapéutico acompañado de una profesional. Pero no hace falta estar mal o en un cuadro agudo para poner en acción los recursos que he ido desgranando en el libro. Cuando decides responsabilizarte en la gestión y equilibrio de tu estado mental, esta guía y estos recursos son efectivos.

No olvides que todo proceso requiere un esfuerzo diario y constante, por ello, el camino para trascender los pensamientos, las emociones y las sensaciones que te hacen daño es la perseverancia de aplicar los recursos que te guiarán hacia la clave del éxito.

Utiliza las frases-antídoto para frenar el comecocos

En este libro te llevas diez frases-antídoto que actúan como compuertas ante la avalancha de las obsesiones mentales, recordatorios de lo que es realmente necesario e importante en tu actitud y para tu salud mental y bloqueadores del proceso del comecocos.

Como ves, estas diez frases-antídoto son poderosas y me gustaría proponerte una manera de anclarlas en tu día a día de manera sencilla.

En muchas tradiciones sagradas se utilizan rosarios y mantras que ayudan a la meditación a través de la oración. Recogiendo esta idea puede ser un buen anclaje que construyas una pulsera con diez bolitas de diez colores distintos. A cada una asígnale una frase-antídoto y cierra el conjunto con una bola mayor que simbolice la llave de oro. Esta pulsera, o collar, no es un talismán ni un objeto para que ritualices, sino simple y llanamente un elemento que te pone en contacto visual y sensorial con los bloqueadores de los que puedes echar mano cuando la mente te bombardee. En una situación de estrés puede ser muy beneficioso tocarte la muñeca y repasar, cuenta por cuenta, las frases-antídoto, o sujetar la bola que representa la llave de oro y entrar en el activamente no hacer nada. Tocar y recordar la frase-antídoto en una situación difícil, susurrarla mientras vas en el metro o pararte a contemplar el cielo mientras recitas la llave maestra son maneras sencillas y activas de ejercitar en el presente el entrenamiento de la atención y la protección contra el veneno de los pensamientos invasivos.

Nota final:

- Los pensamientos son pasajeros si los dejas pasar, sino... ¡prepárate para la tormenta!

LA LLAVE DE ORO

**Mi mente es el cielo,
mis pensamientos son las nubes,
¡que sople el viento!**

Guía y estrategias para que desactives tu comecocos en tiempo breve

Después de la lectura del libro y para concluir, quiero darte unas pistas que te ayuden a aplicar la técnica o las técnicas que mejor se adapten a tu caso particular. Aunque he intentado explicar procesos muy complejos de la forma más simple y amena posible, ahora voy a resumir los pasos para que puedas empezar a entender mejor cómo funciona tu mente y así aplicar las estrategias adecuadas para optimizar su funcionamiento. No obstante, no olvides que tu mente es una estructura compleja y, si realmente estás sufriendo, lo mejor es que tengas el coraje de acudir a un profesional de la psicología que te guíe y ayude, porque tú no eres quien debe adaptar las estrategias y las técnicas psicológicas, sino que somos nosotros, los psicólogos, quienes debemos encargarnos de esta tarea.

PRIMER PASO: IDENTIFICA

Para poder salir de tu mente y entrar en tu vida, debes identificar qué es lo que, de manera espontánea, sin haberlo provocado de forma deliberada, aparece primero en tu mente generándote malestar:

1. Un pensamiento
2. Una imagen
3. Una duda

Identificar qué es lo que irrumpe primero, si un pensamiento, una imagen o una duda, no siempre es fácil, ya que se suelen combinar y suceder con gran celeridad. Aquí van algunos ejemplos de estas posibles combinaciones:

- Aparece un pensamiento sentencioso tipo «Eres tonta», «Van a darse cuenta de que no estás a la altura», y enseguida una imagen —te ves recogiendo tu mesa de trabajo porque te han despedido—. O tal vez piensas «Hoy no me voy a encontrar bien», y enseguida surgen las dudas: «¿Tengo mala cara?», «¿el sabor del pescado no era un poco ácido?», «¿estaré intoxicado?», ¿voy a tener síntomas de ansiedad?, etcétera.
- Emerge un pensamiento tormentoso que te genera mucha ansiedad, como «Este dolor de cabeza no es normal, es un tumor porque en la familia siempre morimos de cáncer», y de aquí se generan todo tipo de preguntas: «¿Cuántas veces me ha dolido la cabeza en este mes?», «¿voy al médico?», «¿me hará caso?», «¿será un buen especialista?», «¿y si me ingresan y ya no salgo?», etcétera.
- Aparece primero una imagen. Por ejemplo, Paula se está duchando y le viene la imagen de que tiene pene. De inmediato le surgen todo de tipo de dudas: «¿Será que quiero ser un hombre?», «¿me gustan las mujeres y no lo quiero aceptar?».
- Se manifiesta una duda —«¿Estaré toda la vida con mi pareja?»—, y después se encadenan una serie de pensamientos-sentencia: «La verdad, no siento tanta atracción como al principio», «no tenemos tantas relaciones sexuales como antes», «a veces me parecen atractivos otros hombres y eso quizá indica que no me gusta lo suficiente, porque solo debería tener ojos para él», «me enfadan muchas cosas de la convivencia y quizá si lo quisiera como tendría que quererlo no me molestaría nada de lo que hiciera».

En cualquier caso, resulta imprescindible saber la forma inicial en la que aparece tu comecocos.

Hacer este ejercicio de observar cómo funciona el mecanismo psicológico que te acaba dominando es la primera clave para poder solucionarlo. Te ayuda a empezar a distanciarte de esos pensamientos. Recuerda que tú no eres ni tus pensamientos ni tus sensaciones, y esto te ayudará a observar este sistema diferenciado de ti.

SEGUNDO PASO: CONOCE TU PSICOTRAMPA
Una vez que aparece, ¿qué sueles hacer? ¿Qué solución aplicas que en vez de funcionar mantiene y empeora el problema?
1. **Intentas no pensar** en el pensamiento/imagen/duda que te ha venido a la mente. Tratas de quitártelo y luchas para no volverlo a pensar porque eso te genera miedo, ansiedad, inseguridad, irritabilidad, frustración, etcétera, pero por más que lo intentas acabas rumiando.
2. **Te quedas enganchado pensando.** No puedes dejar de pensar porque entras en un bucle de pensamientos y creencias.
3. **Caes en ese mar de dudas.** Te ahogas en ellas, sin encontrar una respuesta que te dé calma y te haga sentir que has llegado a puerto seguro.

TERCER PASO: CONOCE TU CÍRCULO VICIOSO
1. **«El control te hace perder el control».** Intentas controlar de forma racional tus sensaciones, emociones y tus correspondientes reacciones fisiológicas. Cuanto más lo intentas, más se descontrolan. Este es el llamado «efecto paradójico de las sensaciones».
2. **«Intentar no pensar en aquello que no queremos pensar es pensarlo dos veces».** Luchas contra esos pensamientos incómodos, temidos y tabús, lo cual provoca que vengan con más fuerza. Este es el llamado «efecto paradójico del pensamiento».

> 3. «No existen respuestas correctas a preguntas incorrectas». Muchas incertidumbres en la vida aparecen en nuestra mente en forma de dudas. La certeza es que no hay certezas, y mientras intentas buscar la verdad con respuestas correctas, seguras y definitivas a preguntas que no la tienen, caemos en el mar de las dudas y en el bucle obsesivo.

Estrategias para desactivar el comecocos

Ahora viene mi regalo final, sé que te va a gustar. A continuación, te daré algunas de las principales técnicas para desactivar diferentes tipos de comecocos. Estas técnicas pertenecen a la TBE, aunque contamos con un arsenal de herramientas psicológicas más amplio del que se expone en este libro, pues la TBE se caracteriza por su constante evolución. Nuestro objetivo es investigar y refinar metodologías que nos permitan ofrecerte soluciones más rápidas y efectivas para tus problemas psicológicos. Estas estrategias pueden parecerte sencillas, pero desencadenan efectos complejos. A menudo tendemos a complicar nuestras vidas, sobre todo al enfrentar problemas. Sin embargo, solo unos pocos poseen la audacia de abordar lo complejo con soluciones de aparente simplicidad.

Estudiar al enemigo

Por «enemigo» vamos a entender todo aquello que te genera rechazo, animadversión o que se erige como tabú en tu vida.

Indicaciones:

Esta técnica está indicada para personas que tienen miedos intensos, fobias o aversiones hacia ciertos temas, situaciones o personas que perciben como enemigos. Se recomienda para quienes sienten que sus miedos o tabús afectan su vida diaria o limitan sus oportunidades de crecimiento. Estos enemigos pueden ser ideas, situaciones, personas o cualquier aspecto que despierte una reacción emocional intensa.

Prescripción de la técnica:

Dedica una hora al día a estudiar el tema tabú, ese que te da miedo. Debes informarte y tomar apuntes y profundizar a través de la búsqueda de fuentes fiables.

Efectos de la técnica:

La información es poder. El conocimiento a menudo hace desaparecer los miedos y las creencias poco profundas basadas principalmente en estereotipos, clichés, ignorancia o fenómenos desconocidos. Además, al afrontar el miedo y asco este va disminuyendo.

Técnica de la peor fantasía

Desarrollada por mi maestro Giorgio Nardone y Paul Watzlawick, esta técnica es una herramienta fundamental de la TBE. Está especialmente indicada para personas que intentan controlar sus sensaciones, emociones o reacciones psicofisiológicas alteradas por el miedo y la ansiedad. El intento de controlar estos estados a menudo les hace perder el control. Este método es útil para aquellos que sufren de crisis de ansiedad, ataques de pánico o miedo al miedo.

Indicaciones:

Para personas que experimentan crisis de ansiedad o ataques de pánico. Para aquellos que temen perder el control, enloquecer o morir debido a los síntomas de la ansiedad.

Es fundamental que el psicólogo identifique los miedos y las percepciones del paciente antes de prescribir esta técnica.

Prescripción de la técnica:

Establecer un momento y lugar fijo: cada día, a la misma hora (preferiblemente no antes de dormir), elige un lugar donde no te molesten, como tu dormitorio o una zona tranquila en tu trabajo.
Preparación: ponte cómodo. Si estás en tu habitación, puedes tumbarte y bajar la intensidad de la luz si lo prefieres.
Uso del despertador o de una alarma: pon una alarma para que suene treinta minutos más tarde.
Ejercicio de la peor fantasía: durante estos treinta minutos, piensa deliberada y voluntariamente en tus peores fantasías relacionadas con tu problema. Permítete sentirte mal, llorar, gritar o desesperarte si es necesario.
Finalización: cuando suene el despertador, detente de inmediato. Ve al baño, lávate la cara con agua fría y continúa con tu día.

Efectos de la técnica

Esta técnica produce dos efectos positivos principales:
Desensibilización progresiva: al principio, la persona puede sentirse muy mal durante el ejercicio, pero con el tiempo experimentará menos malestar. Hay que continuar la práctica hasta que el ejercicio ya no provoque pensamientos negativos ni ansiedad.
Paradoja de la ansiedad: algunos pacientes sienten que no pueden hacer el ejercicio correctamente porque sus pensamientos se distraen o incluso se duermen durante la práctica. Esto puede ser una señal de que está funcionando, ya que se basa en la estratagema china de «apagar el fuego añadiendo más leña». Aumentar de forma voluntaria la ansiedad paradójicamente puede disminuirla.

Recomendaciones adicionales:

- Realiza la técnica bajo la supervisión de un psicólogo especializado en TBE.
- No intentes aplicar esta técnica por ti mismo sin guía profesional.
- A medida que avances, entrena para aplicar esta técnica en diferentes contextos, no solo en casa, y reduce gradualmente el tiempo necesario para calmarte.

Efecto terapéutico y estratagema:

La técnica de la peor fantasía es una herramienta poderosa que, si se aplica correctamente, puede ayudar a las personas a manejar y reducir su ansiedad. Sin embargo, debido a su potencia, es crucial realizarla bajo la supervisión adecuada para asegurar su eficacia y evitar efectos adversos.

La tortura horaria de los pensamientos obsesivos

Es una técnica similar a la de la peor fantasía, pero en este caso se le pedirá a la persona que la practique varias veces al día durante un tiempo muy acotado. El efecto repetición y acotación es clave.

Indicaciones:

Al igual que en la estrategia de la peor fantasía está indicada para personas fóbicas y obsesivas.

Prescripción de la técnica:

De nueve de la mañana a nueve de la noche, cada tres horas, y durante cinco minutos, deberás enfocarte en todas las imágenes y pensamientos negativos y cautivadores. Fuera de estos cinco minutos, cualquier pensamiento intrusivo que se presente deberá aplazarse hasta el siguiente momento preestablecido.

Efectos de la técnica:

El efecto de esta prescripción es parecido al de la técnica de la peor fantasía: acelerar los pensamientos e imágenes para desacelerarlos y que se desvanezcan.. Al indicar a la persona que piense de forma voluntaria en lo que le da miedo que ocurra, también le estamos transmitiendo la seguridad de que, por mucho que lo piense y sienta, no pasará. Esto ayuda a desbloquear la dinámica patológica y a reducir la ansiedad asociada con esos pensamientos.

La escritura estratégica

Indicaciones:

Esta técnica está indicada para personas que intentan no pensar en algo, pero, entonces, lo acaban pensando más. Dependiendo del grado de afectación, así como si la forma es más fóbica, obsesiva o paranoica, se prescribe con más o menos frecuencia en un día y con más o menos tiempo de duración.

Prescripción de la técnica:

El diario del terror: Cada día, a la misma hora (por la mañana, mediodía, tarde o noche, o cada hora durante unos cinco minutos, según decida tu psicólogo), abre un cuaderno y empieza a escribir toda tu negatividad, pesimismo, incertidumbres, miedos y predicciones catastróficas. Escribe hasta que sientas que has liberado suficiente para ese día.

Esta prescripción evoluciona disminuyendo la frecuencia de las sesiones de escritura hasta llegar a una vez al día y finalmente dejar de hacerla.

Hemos mencionado otras prescripciones que usan la escritura estratégica como **el novelado del trauma**, que puedes consultar en la (página 171), y **las cartas terapéuticas** (página 189).

Efectos de la técnica:

Escribir sobre las peores fantasías, los pensamientos tabús y los sentimientos de culpa ayuda a poner distancia entre lo que pensamos, sentimos y decidimos hacer. Concentrar el sufrimiento en momentos específicos del día permite a la persona sentirse más liberada el resto del tiempo. Además, al enfrentar sus miedos de manera directa, gana valor y coraje para abordarlos de forma distinta. Obligar a escribir pensamientos que aparecen involuntariamente lleva a su saturación y disminuye su fuerza en la mente y vida de la persona.

Las profecías catastróficas

Indicaciones:

Esta técnica está indicada para personas que tienden a anticipar lo peor o a preocuparse en exceso por eventos futuros. Es útil para aquellos que luchan con la ansiedad, el estrés o el hábito de sobrepensar.

Prescripción de la técnica:

Cada mañana escribe en un papel la fecha y todas tus profecías catastróficas que creas que puedan suceder durante el día. Escribe tantas como puedas imaginar. Luego vive tu día con normalidad. Al final de este, antes de irte a dormir, revisa esa hoja y comprueba si alguna de tus profecías se ha cumplido. Si es así, márcalo; si no, simplemente lee de nuevo lo que escribiste por la mañana y reflexiona sobre ello.

Efectos de la técnica:

Esta técnica tiene varios efectos. Por un lado, al plasmar tus miedos en el papel y dedicarles dos momentos al día, dejas de huir de ellos y los enfrentas directamente. Esto te da valor y coraje y puede hacer que se desvanezcan. Por otro, al revisar tus profecías por la noche, te darás cuenta de que la mayoría de las cosas que te preocupan constantemente no suceden. Este ejercicio puede hacerte sentir ridículo y estúpido al darte cuenta de que dedicas gran parte de tu día a preocuparte por cosas que nunca ocurren. Esto te ayudará a no tomarte tan en serio tus pensamientos y te dará la fuerza para dejar de sobrepensar.

El bloqueador de respuestas

Indicaciones:

Para aquellas personas que se sienten atormentadas por las dudas e impotentes porque no hay respuesta que acabe con ellas. La única forma de romper ese bucle obsesivo de pregunta-respuesta es concentrarte en bloquear la respuesta a esas dudas. Si bien es imposible evitar en algún momento que nos aparezcan preguntas como «¿Y si le pasa algo a mi hijo en el campamento?», «¿y si tengo un accidente en el avión?», ¿y si tengo una enfermedad terminal?», sí es posible esforzarse en rehusar a responderlas. Uno no puede evitar que venga la pregunta, pero sí que puede concentrarse en bloquear la respuesta.

Prescripción de la técnica:

Debes identificar (capturar) las dudas que tu mente te lanza y bloquear la respuesta a estas. Al hacerlo, dejas de alimentarlas y estas irán perdiendo fuerza hasta desaparecer

Efectos de la técnica:

Al bloquear activamente las respuestas, se logra inhibir esas dudas traicioneras que surgen de forma espontánea. Esta práctica de identificación y bloqueo inmediato de la respuesta es crucial; de lo contrario, cada vez que se alimenta la duda con una respuesta, esta crece y se fortalece, socavando tu seguridad y energía, como la carcoma que debilita la madera desde dentro.

Técnica para las dudas patológicas

Indicaciones:

Cuando observamos que la persona no será capaz de bloquear la respuesta a esos pensamientos, dudas o imágenes que le atormentan.

Prescripción de la técnica:

Cada vez que te venga una de esas dudas que hemos identificado como irresolubles, sigue estos pasos:

1. Detecta la duda: reconoce la pregunta en cuanto aparezca.
2. Bloquea la respuesta: intenta no responder a la duda. Si no puedes bloquear la respuesta, escribe tus respuestas en un papel o en tu móvil.
3. Escribe el bucle: escribe todas las respuestas y preguntas que surgen hasta que te canses y te des cuenta de que no hay salida.
4. Deja de escribir y concéntrate: una vez escrito, evita releerlo y enfócate en otra actividad del día.
5. Controla las preguntas: es imposible controlar que las preguntas aparezcan, pero puedes dominar tu respuesta bloqueándola. Si la pregunta persiste, dile «Te oigo, pero no te escucho», y sigue con tu actividad.

Si no puedes dejar pasar la duda o te genera demasiada ansiedad, sigue escribiendo las respuestas hasta que te sientas listo para concentrarte en otra cosa.

Terapia del boicoteo (que te den)

Indicaciones:

Esta técnica está indicada para aquellas personas que experimentan pensamientos obsesivos, negativos o dudas que les llevan a evitar situaciones, procrastinar o tomar excesivas precauciones. Está dirigida a quienes sienten que estos pensamientos limitan su vida diaria, provocando que dejen de hacer cosas que desean o necesitan hacer debido al miedo, la inseguridad o el exceso de precaución.

Prescripción de la técnica:

A partir de hoy, aplica la terapia del boicoteo a todos esos pensamientos y dudas que te persiguen. Haz justamente lo contrario de lo que te piden. Por ejemplo:

- Si quieres hacer ejercicio y los pensamientos te dicen «Con este frío vas a enfermar», respóndeles «Que te den» y sal a correr.
- Si un pensamiento te dice «No hables con esa persona, pensarán que eres ridículo», respóndele «Que te den» y habla con esa persona.

Reconoce que la mayoría de estos pensamientos te llevan a posponer, evitar o tomar demasiadas precauciones. Boicotéalos.

Efectos de la técnica:

Esta técnica está diseñada para romper el ciclo de evitación y exceso de precaución que los pensamientos obsesivos generan. Al hacer lo contrario de lo que te sugieren esos pensamientos, empiezas a recuperar el control sobre tus acciones y disminuyes su poder sobre ti. Con el tiempo, este enfoque puede reducir el impacto de los pensamientos negativos y fortalecer tu capacidad para actuar de manera libre y decidida.

La regla de los cinco segundos

Indicaciones:

Es una técnica efectiva para quienes tienen dificultades a la hora de tomar decisiones o que procrastinan.

Prescripción de la técnica:

1. Identifica el momento de acción: reconoce cuándo te encuentras ante una tarea que normalmente postergarías.
2. Cuenta regresiva: cuando detectes la procrastinación, empieza una cuenta regresiva mental desde cinco hasta uno (cinco, cuatro, tres, dos, uno).
3. Actúa inmediatamente: tan pronto como llegues a uno, muévete para comenzar la tarea. Esto puede ser levantarte de la silla, abrir un libro, escribir la primera palabra de un informe, etcétera.

Entonces, cada vez que quieras hacer algo, evita caer en las trampas del pensar y simplemente inicia una cuenta atrás: cinco, cuatro, tres, dos, uno y... ¡Ya, hazlo!

Efectos de la técnica:

El objetivo de la técnica de los cinco segundos es superar el impulso inicial de postergar mediante la creación de un momento de coraje que te permite tomar acción antes de que tu cerebro pueda llenarse de excusas o dudas. Al actuar dentro de esos cinco segundos, interrumpes los patrones de pensamiento que te llevan a la procrastinación y te capacitas para ser más productivo.

Cerrar el pico

Indicaciones:

Es una herramienta diseñada para evitar que las personas refuerzen sus pensamientos obsesivos a través del habla.

Prescripción de la técnica:

A partir de hoy debes cerrar el pico. Esto significa evitar hablar sobre todas esas imágenes y pensamientos que te perturban y te hacen sentir mal. Si alguien te pregunta «¿Cómo estás?», debes responder «Bien, gracias, ahí voy, ¿y tú?».

Efectos de la técnica:

Una gran parte de la población sigue creyendo que hablar sobre los problemas los hace desaparecer. Sin embargo, los pensamientos negativos son como virus: cuanto más se habla de ellos, más se expanden y crecen. Hablar sobre los pensamientos perturbadores es, la mayoría de las veces, un intento de solución que en realidad alimenta la obsesión en lugar de hacerla desaparecer. Por eso, prescribir «cerrar el pico», es decir, dejar de hablar de estos pensamientos con los demás, ayuda a desactivar el mecanismo del laberinto obsesivo.

El púlpito

Indicaciones:

A veces es necesario hablar de lo que nos preocupa y nos atormenta, pero hay que saber cómo hacerlo para que esos pensamientos en vez de aumentar y devorarte por dentro disminuyan y te sientas más fuerte y feliz.

Prescripción de la técnica:

Cada día, elige un lugar específico de la casa y, frente a tus familiares, pon un despertador que suene media hora más tarde. Durante este tiempo y en ese lugar escogido, habla de todos los pensamientos, preocupaciones, imágenes y sensaciones que te perturban. Tus familiares deben escucharte en riguroso silencio y con plena atención sin intervenir. Una vez que suene el despertador indicando que la media hora ha terminado, debes detenerte. Después de esto, aplica «cerrar el pico», es decir, no se puede hablar sobre nada de lo que hayas compartido durante ese tiempo hasta el día siguiente a la misma hora, durante el tiempo establecido y en el mismo lugar.

Efectos de la técnica:

Tiene numerosos efectos, uno de ellos es otorgarle a la persona un espacio diario para liberar todos esos pensamientos perturbadores, dedicar un tiempo y lugar específico para hablar del tema ayuda a evitar darle vueltas el resto del día, permitiendo enfocarse en otras cosas y reducir la preocupación.

Devolver la pregunta y responsabilidad

Indicaciones:

Para ayudar a las personas a identificar sus dudas patológicas y rumias mentales y ayudarles a bloquear la respuesta, es decir, el bucle obsesivo.

Prescripción de la técnica:

Desde hoy cada vez que preguntes una de tus dudas que ya hemos visto que son irresolubles y tramposas a las personas de tu entorno no te van a responder. Como máximo te devolverán la pregunta: «¿Y tú qué opinas?». Es decir, todo tu entorno se entrenará para ayudarte a bloquear la respuesta a estas dudas, pensamientos e imágenes que te hacen daño.

Efectos de la técnica:

Devolverte la pregunta te ayudará a identificar qué son esas dudas trampa patológicas a las que debes bloquear la respuesta, o, en su defecto, escribirlas repetidamente. El efecto de esta prescripción es que el entorno de la persona que sufre deje de ser cómplice de esta problemática. La gran mayoría de las personas que conviven con alguien que tiene dudas patológicas o pensamientos rumiantes con hiperactividad mental no se dan cuenta de que participan en alimentar la dinámica de los bucles obsesivos. Por ello, es fundamental implicarlos en el tratamiento y darles prescripciones como esta. Así, el entorno devuelve la responsabilidad al paciente, ya que es él el responsable de ejecutar la técnica de bloquear las dudas patológicas y también el artífice de construir sus desgracias. Asimismo, cuando logre salir del tormento del comecocos, será también el responsable y artífice de su éxito.

Los cinco minutos del aquí y ahora

Indicaciones:

Se trata de un entrenamiento inicial de atención plena.

Prescripción de la técnica:

Te recomiendo que desde que te levantes hasta que te vayas a dormir programes alarmas cada hora y, cuando suenen, estés donde estés y con quien estés, ralentiza lo que estés haciendo y enfoca toda tu atención en esa actividad. Para ello, implica al máximo todos los sentidos: el visual, el auditivo, el táctil y el gustativo. Permítete en ese tiempo poner atención en tu cuerpo y en tu respiración, que siempre trabajan para ti, para tener plena consciencia de esa experiencia que te brinda el presente. Para tu bienestar entrena tu atención y tu capacidad de asombro en el presente: que te estés duchando mientras te duchas, que estés comiendo mientras comes, que estés cocinando mientras cocinas, etcétera.

Efectos de la técnica:

Los efectos son numerosos. Uno de ellos es que la persona, al estar presente y consciente, puede observar y dejar pasar mejor las emociones y los pensamientos sin juzgarlos. Ayuda a percibir a cierta distancia los pensamientos, las emociones y las sensaciones corporales. Entrenar la atención plena mejora la concentración y la capacidad de mantener el enfoque en una tarea, en la acción.

El «como si»

Indicaciones:

Esta prescripción se da cuando los pensamientos disruptivos han remitido considerablemente.

Prescripción de la técnica:

Cada día por la mañana contesta la siguiente pregunta: ¿qué podría hacer si mi problema se hubiera resuelto? ¿Qué haría hoy si mi problema no hubiera existido nunca? De todo lo que pienses, elige una pequeña cosa y realízala durante el día.

Efectos de la técnica:

Es una técnica que no solamente está orientada a la solución, sino que va más allá de ella. Es fundamental que las personas que han llegado a sufrir por cierta forma de pensar no se identifiquen con esos pensamientos ni esa mala época. Esto ayuda a superar la vergüenza, la culpa, la rabia, el miedo a las recaídas y construir un nuevo escenario dejando de forma voluntaria el pasado doloroso en el pasado para crear a partir de pequeñas acciones el futuro que deseamos.

Disponemos de diferentes herramientas orientadas a la solución, durante el libro te he explicado la técnica del **escenario más allá del problema** (página 224).

Vencer sin pelear: hacer activamente nada

Indicaciones:

Hacer activamente nada es una prescripción que se basa en la estratagema china de vencer sin combatir. Es la reina de las estrategias y solo se llega a ella después de entrenarse mucho en la gestión estratégica de nuestros pensamientos. Después de muchas horas o años de experiencia pilotando nuestra mente, uno es capaz de llegar a aplicar esta técnica. Pero solo lo podrán hacer los verdaderamente experimentados, los que confían en su coco, los que podrán dominar su miedo y no elegir luchar para salir de la situación, sino que decidirán dejarse llevar, porque de lo contrario saben que se provocan graves consecuencias negativas en su salud mental.

Prescripción de la técnica:

Aprende a hacer activamente nada con los pensamientos, las imágenes o las dudas que irrumpen tu consciencia y te generan malestar, permitiendo que se disipen tan naturalmente como llegaron. Así evitas ofrecer una resistencia que podría anclarlos aún más y dificultar su retorno al trastero de tu mente, el subsconsciente.

Efectos de la técnica:

En la vida, al igual que los pilotos en una turbulencia severa, a veces el acto más valiente es soltar los mandos y no luchar contra las fuerzas que no podemos controlar. Los pilotos están entrenados para confiar en la estabilidad y el diseño de su aeronave, permitiendo que el avión navegue por sí mismo a través de la turbulencia. De manera similar, en ciertas situaciones complicadas, ganar sin luchar puede ser una estrategia efectiva. Soltar el control y permitir que las cosas sigan su curso es una demostración de sabiduría y coraje, especialmente cuando reconocemos que no todas las batallas se ganan con acción directa. A veces, confiando en el proceso y en nuestras preparaciones previas, podemos salir victoriosos de desafíos que parecen insuperables.

Es la estrategia de las estrategias, parece fácil, pero es la más compleja de poner en práctica. Vencer sin pelear es la llave de oro para salir de las trampas de la mente.

Deseo que este libro te haya aportado mucho, pero si quieres ahondar en nuevos conocimientos, estrategias y herramientas sobre miedos, fobias, obsesiones, trastorno obsesivo-compulsivo, trastornos de ansiedad, paranoia, trastornos alimentarios y TBE, te invito a seguirme en:

Instagram, YouTube y TikTok: **@juliapascualpsicologa**
Y en *www.juliapascual.com* / www.centrojuliapascual.com

Y si la lectura del presente libro te ha motivado a pedir ayuda y quieres que te acompañe, puedes escribirme a:
julia@centrojuliapascual.com

Agradecimientos

A mis maestros de vida que iluminan mi camino, Àngels Guiteras (mama), Josep María Pascual (papi); a mi nana Josefina Martín, que me acompaña desde el cielo; a Giorgio Nardone, que me adentró en la TBE; a David Campos e Irene Sabas, quienes me enseñaron el lenguaje oculto del alma a través de la danza; a Eva Hibernia, por enseñarme el arte de la escritura, y a Araceli Carreño, cuya maestría para plasmar mis pensamientos con sus ilustraciones ha enriquecido este libro.

A mi editor, Oriol Masiá, por darme la oportunidad y motivarme a darle un toque de frescura a un tema tan serio.

A todos mis pacientes, cuyas historias de cambio rápido y eficaz me impulsaron a plasmar estas experiencias en palabras escritas.

A mis hijos, Leo Rodríguez, de diez años, quien me anima a seguir escribiendo y se asegura de que tenga momentos de paz y silencio en casa; a mi hija Abril Rodríguez, de nueve años, cuya presencia a mi lado escribiendo sus historias, cuentos y guiones teatrales me llena de orgullo, y a mis gemelos de cinco años, Marco y Romeo, cuyo entusiasmo por los libros y sus comentarios graciosos —«Mamá, yo ya puedo escribir un libro porque he leído mucho»— me alegran el alma y me hacen ver que mi ejemplo de alguna manera les está moldeando.

A las tías Angustias y Tere, por su incondicional apoyo y cuidado, creando un refugio de paz en Cañete que me permitió concentrarme en la escritura de este libro.

A Cristina Cabré, indispensable en el Centro de Terapia Breve Estratégica de España ubicado en Barcelona. Su arte para hacer bien tantas cosas es imprescindible en mi día a día.

A Rafa Rodríguez Moya Valderrama, cuya música tocó mi corazón y cambió mi mirada sobre la vida. Su tema «The Young Man and The Sea», disponible en Spotify, es un testamento de este viaje transformador.

Y a ti, querida lectora o lector, espero que las palabras e imágenes mentales que he ido construyendo a lo largo de este libro iluminen tu camino y te guíen como un faro en la oscuridad.

¡Que mis palabras te acompañen!

Lejos, por encima del mar, las nubes se abrieron,
Y allí estabas tú, una luz en la oscuridad, una estrella polar.
Me enseñaste el camino, me enseñaste a empezar una nueva vida.

Extracto de la canción «The Young Man and The Sea»,
compuesta por Rafa Rodríguez Moya y Valderrama.

Bibliografía

Aranda Vasserot, A. y D. Tubau, *Las 36 estratagemas chinas: Manual secreto del arte de la guerra*, Barcelona, Ariel, 2023.
Balbi, E y G. Nardone, *Surcar el mar sin que el cielo lo sepa: Lecciones sobre el cambio terapéutico y las lógicas no ordinarias*, Barcelona, Herder, 2009.
Bartoletti, A., *Pensieri brutti e cattivi, ossessioni tabù e come liberarsene*, Milán, Le Comete, 2019.
Bucay, J., *El camino de las lágrimas*, Madrid, DeBolsillo, 2016.
Cagnoni, F. y R. Milanese, *Cambiar el pasado: Superar las experiencias traumáticas con la terapia estratégica*, Barcelona, Herder, 2010.
Dinouart, A., *El arte de callar*, Madrid, Siruela, 1999.
Epicteto, *El arte de vivir en tiempos difíciles*, Barcelona, Alianza, 2023.
Fayard, P., *Vincere senza combattere: Da Sun Tzu ai 36 stratagemmi, l'arte della strategia secondo l'antico pensiero cinese*, Milán, Ponte alle Grazie, 2021.
Haley, J., *Terapia no convencional: Las técnicas psiquiátricas de Milton Erickson*, Amorrortu, 2013.
Kant, I., *Crítica a la razón pura*, Madrid, Taurus, 2019.
Manual diagnóstico y estadístico de los trastornos mentales: DSM-5 (51ª ed.), Buenos Aires, Editorial Médica Panamericana, 2014.
Muriana, E. y T. Verbitz, *Se sei paranoico non sei mai solo: dalla diffidenza al delirio paranoico*, Alpes, 2017.
Nardone, G. y P. Watzlawick, *El arte del cambio: Manual de te-

rapia estratégica e hipnoterapia sin trance, Barcelona, Herder, 1992.
— *Más allá del miedo. Superar rápidamente las fobias, las obsesiones y el pánico*, Barcelona, Paidós, 2023.
— *El arte de la estratagema*, RBA, 2009.
— *Problem Solving Estratégico*, Barcelona, Herder, 2010.
— y A. Salvini, *El diálogo estratégico*, Barcelona, Herder, 2011.
— y G. Santis, *Pienso, luego sufro: Cuando pensar demasiado hace daño*, Barcelona, Paidós, 2012.
— y C. Portelli, *Ossessioni, compulsioni, manie. Capirle e sconfiggerle in tempi brevi*, Milán, Ponte alle Grazie, 2013.
— *Psicotrampas*, Barcelona, Paidós, 2014.
— *La nobile arte della persuasione. La magie delle parole e dei gesti*, Milán, Ponte alle Grazie, 2015.
— *El miedo a decidir*, Barcelona, Paidós, 2016.
— y A. Salvini, *Diccionario internacional de psicoterapia*, Barcelona, Herder, 2019.
— *La mente ferita: attravesare il dolore per superarlo*, Milán, Ponte alle Grazie, 2021.

Nietzsche, F., *Aforismos*, Barcelona, Edhasa, 2022.

Pooper, K., *La lógica de la investigación científica*, Madrid, Tecnos, 2008.

Rilke, R. M., *Cartas a un joven poeta*, Obelisco, 2021.

Sydney Rosen (ed.), *Mi voz irá contigo: Los cuentos didácticos de Milton H. Erickson*, Barcelona, Paidós, 2009.

Watzlawick, P., et al., *Cambio, formación y solución de los problemas humanos*, Barcelona, Herder, 1980.
— *El lenguaje del cambio: Técnica de comunicación terapéutica*, Barcelona, Herder, 1992.
— et al., *Teoría de la comunicación humana: Interacciones, patologías y paradojas*, Barcelona, Herder, 1995.
— y G. Nardone (comps.), *Terapia breve estratégica: Pasos hacia un cambio de percepción de la realidad*, Barcelona, Paidós, 1999.

Wilde, O., *El retrato de Dorian Gray*, Austral, 2010.

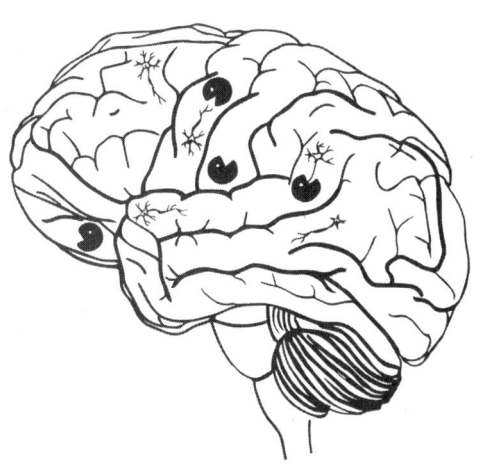